KB242865

다시 태어난다면
이렇게 살고 싶다

"풍랑 일고 안개 낀 뱃길의 안전 항해"

저자 임한규 드림

________________________________ 님께

다시 태어난다면
이렇게 살고 싶다

초판 1쇄 발행 2026년 3월 31일

지 은 이 임한규
발 행 인 권선복
편   집 권보송
디 자 인 김소영
전 자 책 서보미
마 케 팅 권보송
발 행 처 도서출판 행복에너지
출판등록 제315-2011-000035호
주   소 (157-010) 서울특별시 강서구 화곡로 232
전   화 0505-613-6133
팩   스 0303-0799-1560
홈페이지 www.happybook.or.kr
이 메 일 ksbdata@daum.net

값 22,000원

ISBN 979-11-24134-20-7 (03190)

Copyright ⓒ 임한규, 2026

* 이 책은 저작권법에 따라 보호받는 저작물이므로 무단전재와 무단복제를 금지하며, 이 책의 내용을 전부 또는 일부를 이용하시려면 반드시 저작권자와 〈도서출판 행복에너지〉의 서면 동의를 받아야 합니다.
* 잘못된 책은 구입하신 곳에서 바꾸어 드립니다.
* 이 책의 저자 인세는 전액 소외계층을 위해 기부됩니다.

도서출판 행복에너지는 독자 여러분의 아이디어와 원고 투고를 기다립니다. 책으로 만들기를 원하는 콘텐츠가 있으신 분은 이메일이나 홈페이지를 통해 간단한 기획서와 기획의도, 연락처 등을 보내주십시오. 행복에너지의 문은 언제나 활짝 열려 있습니다.

다시 태어난다면 이렇게 살고 싶다

임한규 지음

"당신은 스스로
인생의 키를 잡고
있는가"

인생을 효율적이고 효과적으로 살아가는 비법에 대해 고민해 본 적이 있는가? 시행착오를 최대한 줄이고, 치열한 생존경쟁에서 지혜롭게 승리하는 노하우 말이다. 인생은 흔히 '선박의 항해'에 비유되곤 한다. 인생은 항해와 참 많이 닮아 있다. 청명한 날씨의 평온한 항해도 있지만, 폭우와 폭풍이 몰아치는 시련의 시기도 존재하기 때문이다.

러시아 격언에 "싸움터에 나갈 땐 한 번 기도하고, 바다에 나갈 땐 두 번 기도하라. 그리고 결혼할 땐 세 번 기도하라"라는 말이 있다. 세상에서 가장 큰 역경의 대상을 전쟁터와 바다, 그리고 결혼으로 본 것이다. 필자는 이 세 분야를 포함해 일곱 가지 서로 다른 직종을 거치며 인생의 풍랑을 온몸으로 겪었다. 하지만 그 과정은 결코 순탄치 않았다. 때로는 좌충우돌하며 길을 돌아갔고, 정보가 부족해 곤경에 처하기도 했다. 이 책은 필자의 이러한 경험과 깨달음을 바탕으로 빚어낸 '자상한 인생 멘토'이자 해법이다.

우리는 대부분 자신이 항해 중이라는 사실조차 자각하지 못한 채 삶이라는 바다로 떠밀려간다. 학교에 가고, 직장을 구하고, 은퇴를 준비하면서도 정작 중요한 질문은 던지지 않는다. "나는 어디로 가고 있는가? 이 방향은 나의 의지인가, 아니면 사회 구조의 요구인가?"

필자는 국가와 조직의 여러 층위를 경험하며 이 질문을 외면한 대가가 얼마나 가혹한지를 수없이 목격했다.

또한 필자는 34년간 바다에서 국가의 항해를 맡았고, 전역 후에는 대학, 연구소, 기업, 사회복지 현장 등 이질적인 일곱 개의 항로를 건너왔다.

겉보기에는 각 분야의 정상에 오른 삶이었을지 모르나, 그곳에는 풍랑보다 위험한 암초들이 숨어 있었다. 권력의 자의적인 행사, 법과 제도의 불완전한 작동, 갑을 관계로 고착된 불합리한 구조, 그리고 침묵으로 유지되는 낡은 관행들이다. 필자는 때로는 '갑'의 위치에서, 때로는 무력한 '을'의 처지에서 이를 현실로 경험했다.

그 과정에서 필자를 괴롭힌 질문은 하나였다.

"인생의 실패는 개인의 무능인가, 아니면 구조를 읽지 못한 대가인가?"

세상은 불공정하다는 사실보다, 그 불공정의 원리를 아무도 설명해 주지 않는다는 점에서 더 위험하다. 경험은 소중하지만, 모든 것을 직접 겪을 필요는 없다. 타인의 시행착오를 통해 더 나은 선택을 하는 것이 진정한 지혜이다.

이 책은 그 지혜를 다섯 단계로 안내한다.

- **제1장**(시련의 구조): 필자가 직접 겪은 공권력 남용과 산업 현장의 잔혹한 갑을 관계를 통해, 시련 뒤에 숨은 사회적 구조를 분석한다. "빈곤의 책임은 개인에게 있다"라는 고정관념이 깨지는 과정을 통해 비슷한 상황에 대비할 힘을 기른다.
- **제2장**(항해 장애물): 청년들의 앞길을 가로막는 불합리한 관행, 제도, 고정관념 등 11가지 장애물의 실체를 진단하고 이를 제거하기 위한 대책을 모색한다.
- **제3장**(역사적 오류): '인재'를 '천재'로 둔갑시켜 책임을 회피해 온 역사의 과오를 추적한다. 진실을 바로 보는 안목은 미래 주역인 청년들이 갖추어야 할 필수 소양이다.
- **제4장**(삶의 기법): 효과 중심 작전과 네트워크 중심 전쟁 등 전쟁 수행 기법을 일상에 접목하여 개인의 역량을 키우고

조직의 생산성을 높이는 실전 노하우를 소개한다.

- **제5장**(노후 대비): 자녀에게 기대지 않는 독립적인 노후 설계법을 다룬다. 욕망으로부터 자유로워지고 홀로 존엄하게 사는 법은 초고령 사회의 선택이 아닌 필수이다.

당신이 지금 출항을 앞둔 청년이든, 항로 수정이 필요한 중년이든 이 책이 '더 늦기 전에 읽어야 할 인생의 해도(海圖)'가 되기를 바란다.

"당신의 항해를 파도와 관성에 맡길 것인가, 아니면 스스로 키를 잡고 조타를 할 것인가."

이제 질문은 분명하다.

2026년 3월

임한규

삶이란 무엇일까? 그저 흘러가는 세월은 아니기에, 무의미하게 보낸 시간을 뒤늦게 안타까워하는 것이 우리네 인생이다. 어떻게 사는 것이 좋은 삶인지 고민하던 중, 임한규 예비역 제독의 『다시 태어난다면 이렇게 살고 싶다』를 읽으며 삶의 의미를 되새기게 되었다.

이 책은 특별하다. 독자들에게 단순한 조언을 건네는 대신, 자신의 삶에 대한 '책임 있는 증언'을 묵직하게 전한다. 성공을 미화하거나 실패를 감상적으로 포장하지도 않는다. 한 개인이 국가와 조직, 시장과 권력이라는 거대한 구조 속에서 어떻게 소모되고 저항하며 성찰했는지를 담담하고 단단한 언어로 기록한 사회적 증언록이자 고백서이다.

저자는 34년간 해군에 몸담았고 전역 후에도 사회 핵심 영역을 두루 경험했다. 그러나 이력보다 중요한 것은, 그 과정에서 겪은 균열과 의심, 내려놓아야 했던 신념들을 숨김없이 드러냈

다는 점이다. 압수수색의 시련, 잔혹한 갑을 관계의 실상, 정의
가 작동하지 않는 현실에 대한 기록은 우리 사회의 민낯을 비
추는 거울과 같다.

이 책은 "이 사회는 과연 노력하는 사람에게 공정한가?"라는
질문을 던진다. 저자는 자신이 믿어온 가치가 무너지는 과정을
스스로 해부하듯 생생하게 보여준다. '가난은 개인의 책임'이라
는 통념이 깨지는 과정과 '법치'가 권력에 의해 선택적으로 작
동하는 현실을 체험의 언어로 설명한다. 이 책이 청년들에게는
인생의 안내서가 되고, 기성세대에게는 통렬한 반성문이 되는
이유이다.

특히 삶을 '항해'에 비유하며 전략적 정보의 중요성, 멘토의 가
치, 효과 중심적 작전 등 불완전한 사회에서 살아남기 위한 '생
존 윤리'를 제시한 대목이 인상적이다. 군사 전략을 일상에 응용
하여 개인과 조직의 역량을 높이려는 시도는 매우 기발하다.

후반부의 노후 문제는 깊은 울림을 준다. 저자는 노후를 '독
립과 절제의 시간'으로 정의하며, 자식에게 기대지 않고 홀로
존엄을 유지하는 능력을 강조한다. 이는 초고령 사회를 대비하
는 소중한 지침이 된다.

저자는 정답을 제시하기보다 자신의 모순과 대가를 정직하게 고백하며 독자에게 다가간다. 이 책은 청년들에게는 이정표를, 중장년들에게는 성찰을, 정의를 말하는 이들에게는 새로운 화두를 던진다. 진실에 눈감으면 행복도 멀어질 수밖에 없기에, 삶의 진정한 의미를 고민하는 모든 분에게 이 책을 적극 추천한다.

정대화

前 상지대학교 총장

국가교육위원회 상임위원

'풍랑 일고 안개 낀 인생 항로'에서 만난 가장 확실한 나침반

1. 길 잃은 시대의 초상 : 경험의 총체적 지혜가 필요하다

우리는 정보가 홍수처럼 넘쳐나지만, 정작 삶을 관통하는 명징한 지혜는 가뭄처럼 귀한 시대에 살고 있다. 특히 사회에 막 진입하는 청년 세대는 불확실성과 무한 경쟁이라는 안개 속에서 항로를 설정하지 못해 방황하고 있다. 이들에게 필요한 것은 단편적인 성공 비법이 아니라, 시행착오의 비용을 최소화하고 가장 효율적인 '삶의 작동 방식'을 알려줄 입체적인 경험의 지혜이다.

임한규 예비역 제독이 펜 끝으로 빚어낸 이 책은 바로 이러한 시대적 요청에 응답하는 지혜의 집대성이다. 원고를 읽는 내내, 한 인간이 시대를 관통하며 겪은 밀도 높은 경험을 후배들에게 전수하고자 하는 저자의 깊은 사명감을 느낄 수 있었다.

2. 7가지 직종을 관통한 '통합적 사고'의 힘이 여기에 있다

이 책의 독보적인 가치는 저자의 이력 자체가 하나의 거대한 지침서라는 점에 있다. 해군 제독이라는 공직의 최고 리더십을 시작으로 기업, 연구기관, 학계, 시민사회에 이르기까지 7가지 이질적인 직종에서 리더의 역할을 성공적으로 수행해 온 저자의 지혜는 어느 한 분야에 국한되지 않는다.

그의 통찰은 군의 전략적 사고, 기업 경영의 실용성, 학문의 깊이, 그리고 사회복지의 인간애가 유기적으로 융합된 결과이다. 독자들은 저자의 7가지 인생을 간접 체험함으로써 겪지 않아도 될 풍파를 피하고, 자신의 인생 목표에 도달하는 시간을 단축하는 '인생의 압축 학습서'를 갖게 될 것이다.

3. 개인의 문제를 넘어선 사회적 성찰의 거울이다

저자의 성찰은 개인의 삶의 기술에만 머물지 않고 우리 사회의 구조적인 모순까지 파고든다. 특히 우리 사회의 고질적인 병폐인 '사법 불평등' 문제에 대해 날카로운 비판을 가하는 동시에, 국선 변호 시스템 개선과 판결 투명성 강화 등 구체적이고 실현 가능한 대안을 제시한다. 이는 저자가 자신의 삶을 효율적으로 경영하는 데 그치지 않고, 그 지혜를 "어떻게 더 정의롭고 성숙한 사회를 만들 것인가"라는 지성인의 책임감으로 확장하고 있음을 보여준다.

4. 시대를 위한 교과서이자 다음 세대를 위한 멘토링이다

이 책은 방황하는 청년 세대가 가장 먼저 읽어야 할 책인 동시에, 그들을 이끄는 기성세대 역시 함께 읽어야 할 '시대의 교과서'이다. 특히 효과 중심 작전이나 네트워크 중심전 등 저자가 오랜 세월 체득한 전쟁 수행 기법을 삶에 응용한 대목은 매우 신선하고 실천적이다. 이를 통해 대인관계와 업무의 혁신을 이룬다면 개인과 조직의 발전에 획기적인 전환점을 맞이하게 될 것이다.

냉철한 전략과 따뜻한 인간애가 조화로운 이 책이 수많은 독자의 필독서가 되어, 우리 사회의 투명성을 높이는 데 큰 역할을 하기를 진심으로 기원한다.

이상학

(사)한국투명성기구 대표

Contents

Chapter 1

기업 흥망의 과정을 단 1년 만에 체험

Chapter 2

정의로운 세상의 구조적 모순과 장애물

Chapter 3

역사적 사건에 대한 올바른 인식

다시 태어난다면 이렇게 살고 싶다

Chapter 5

안정된 노후를 위해 어떤 준비가 필요한가

기업 흥망의 과정을
단 1년 만에 체험

'을'의 자리에서 배운 인생 교훈

**"나를 죽이지 못하는 고통은 나를 더욱
강하게 만든다."**
― 프리드리히 니체(Friedrich Nietzsche) ―

뼈아픈 자기성찰, '우물 안 개구리'였음을 깨닫다

군과 대학, 공공기관 등 평생 '갑'의 위치에만 머물다 대기업 하청
업체의 대표로 부임하며 비로소 '을'의 설움을 실감했다. 정글의
법칙이 지배하는 냉혹한 현장에서 목격한 진실을 기록한다.

공권력의 행사, 압수수색은 과연 정의로운가

법 집행의 투명성과 공정성이 사라진 공권력은 폭력과 다름없다.
필자가 직접 겪은 압수수색 과정을 통해 우리 사법 체계의 민낯
과 권위주의를 고발한다.

약육강식의 시장, 대기업에 저당 잡힌 하청기업의 운명

하청기업의 생사여탈권을 쥔 대기업의 구조적 횡포는 경제적 힘
을 앞세운 약육강식이다. 도덕적 판단이 마비된 비즈니스 정글의
비정한 실상을 파헤친다.

정의의 부재, 왜 휴대폰이 두 개 필요한 사회가 되었나

왜 우리는 정의로운 하나의 세상에서만 살 수 없는가. 자신을 숨
겨야만 생존할 수 있는 뒤틀린 사회 구조와 불공정한 현실에 근
본적인 질문을 던진다.

01

'압수수색'이라는 경험

"모든 권력을 가진 자는 그것을 남용하기 쉽다."

— 몽테스키외(Montesquieu) —

2017년 가을 어느 날, 외출 후 귀가하던 아파트 현관에서 건장한 청년 둘과 마주쳤다. "검찰입니다." 압수수색 영장을 내미는 그들 앞에서 나는 나도 모르게 실소가 터져 나왔다. 평생 파출소 한 번 가본 적 없는 준법 인생을 살아온 나로서는, 이것이 번지수를 잘못 찾은 황당한 오해라고 확신했기 때문이다. 당황하지 않는 나의 태도에 오히려 수사관들이 당황한 기색이었다.

검찰이 나를 표적으로 삼은 배경은 내가 대표로 재직했던 D기업 사주와의 면회 때문이었다. 검찰은 수감 중인 사주가 면회객을 통해 수사를 방해한다고 예단했고, 자주 면회를 간 나를 '심부름꾼'으로 지목해 압수수색을 강행한 것이다. 나는 "원하는 대로 다 가져가라"라며 집 문을 열어주었다. 수사관이 작고한 모친의 조의금 명부까지 들먹이며 별건 수사로 압박하려 했으나, 나는 "문제가 되어도 좋으니 가져가라"라며 당당히 맞섰다.

결국 그들은 휴대전화와 수첩 하나만 챙겨 떠났다. 나중에 알게 된 사실이지만, 영장 앞에서 의연한 나의 태도를 보고 수사관들은 일찌감치 '헛다리 짚었다'라고 판단해 담당 검사와 긴박하게 통화를 주고받았다고 한다. 이 압수수색은 이후 벌어질 냉혹한 '정글 생존 투쟁'의 유탄이었으며, 구체적인 '을'의 잔혹사가 시작되는 서막이었다.

법치의 탈을 쓴 사법적 린치와 남용의 실태

참으로 어처구니없는 사법적 린치를 당하며 이 나라가 정상적인 법치국가인가를 묻지 않을 수 없었다. 압수수색은 증거 확보를 위한 강력한 수단이지만, 개인의 기본권을 침해할 가능성이 매우 크다. 하지만 최근 우리 사회는 압수수색이 남발되며 다음과 같은 심각한 부작용을 낳고 있다.

- **인권 침해와 낙인찍기**: 수사 초기 단계의 대규모 압수수색은 확정되지 않은 혐의를 기정사실화하여 당사자를 '사회적 죄인'으로 낙인찍는다. 이는 헌법상 무죄추정의 원칙을 정면으로 훼손한다.

- **디지털 사생활의 무차별 노출**: 포렌식 기술을 빌미로 휴대전화와 이메일 전체를 압수하면서, 사건과 무관한 개인 정보와 제3자의 통신 내용까지 수사기관의 손에 넘어가고 있다.

- **기업 활동의 위축**: 기업에 대한 압수수색은 경영진의 심리적 위축은 물론 업무 마비, 주가 급락 등 막대한 경제적 손실을 초래하며 '한국의 법적 불안정성'을 대외적으로 노출한다.

- **정치적 수사 논란**: 특정 정권이나 인사를 겨냥한 압수수색은 사법 신뢰도를 추락시키고 수사기관을 '정치 플레이어'로 전락시킨다. 간혹 견제 장치가 부재한 검찰의 무소불위 권력은 정적을 제거하기 위한 권력의 시녀 노릇도 해 왔다.

개선 방향 – '필요 최소한'의 원칙 확립

미국이나 독일 등 선진국은 영장의 구체적 특정성을 엄격히 따지며 위법 수집 증거를 철저히 배제한다. 반면 우리나라는 법원의 영장 심사가 형식적으로 흐르는 경우가 많다. 무분별한 압수수색을 막기 위해 검찰개혁의 일환으로 다음과 같은 제도적 개선이 시급하다.

- **영장 심사의 실질화**: 판사가 영장의 필요성을 구체적으로 심사하고, 사후에도 집행의 적정성을 검증하는 독립적인

'영장심사위원회' 등의 제도가 도입되어야 한다.

- **디지털 인권 보호**: 수사 범위 밖의 전자 정보는 즉시 폐기하고, 모든 포렌식 과정을 변호인 입회하에 투명하게 기록으로 남겨야 한다.
- **수사권 분산과 평가 지표 개선**: 수사권과 기소권을 독점하는 구조를 개혁하여 권력 남용을 방지해야 한다. 또한 수사 성과를 압수수색 건수가 아닌 유죄율과 피해 회복 정도로 평가해야 '보여주기식 수사'를 근절할 수 있다.

신중한 영장 발부

압수수색은 신중해야 한다. 무분별한 남용은 개인의 삶을 파괴하고 사법 불신을 초래한다. 이제는 법조계의 통렬한 자성을 통해 '필요 최소한의 압수수색' 원칙을 확립해야 한다. 그래야만 필자와 같은 황당한 피해자가 다시는 발생하지 않을 것이다.

02

을 중의 을, 중견기업 대표의 애환

<정글의 생존 투쟁>

"만인에 대한 만인의 투쟁(인간은 인간에게 늑대와 같다)."

— 토마스 홉스(Thomas Hobbes) —

나는 젊은 시절부터 현대 경영학의 아버지 피터 드러커(Peter Drucker)의 이론에 매료되어 '군대도 경영'이라는 신념으로 조직을 이끌어왔다. 사회로 나와 중견기업(D사) 경영을 맡았을 때도 나는 가장 먼저 기업의 현황 분석(Situation Analysis)에 착수했다.

D사는 본래 자동차 부품 장비를 개발하던 기술 중심 기업이 었으나, 2013년 항공기 동체 조립 사업에 진출하며 급성장했다. 국내 대기업인 K사가 글로벌 기업 A사로부터 수주한 물량을 대행 생산하는 구조였다. 이를 위해 500억 원의 자금을 투자하고 공장을 신설하며 10년 대계의 꿈을 꾸고 있었다. 하지만 기술력은 높았으나 급격한 사세 확장에 비해 재무 구조와

인력 충원 시스템은 여전히 취약한 상태였다.

'슈퍼 갑'의 변심과 치밀한 고사(枯死) 작전

평온하던 기업에 먹구름이 끼기 시작한 것은 '슈퍼 갑'인 K사의 사장이 교체되면서부터였다. 신임 사장의 측근 업체로 물량을 넘기려 한다는 청천벽력 같은 소문이 돌았다. 설마 했던 소문은 정권의 비호를 받는 신임 사장의 위세와 함께 현실화되었다.

K사는 하청업체의 약점을 쥐고 흔드는 대기업 특유의 방식을 동원했다. '청렴 위반'이라는 프레임을 씌우기 위해 자기 직원이 저지른 비리를 D사의 책임으로 몰아세우는 시나리오를 짰다. 대기업의 물량 공급 중단 통보는 즉각적인 유동성 위기로 이어졌고, 금융기관과 투자자들은 순식간에 등을 돌렸다. 평화롭던 일터는 순식간에 생존을 다투는 전쟁터로 변했다.

회유와 협박, 그리고 계란으로 바위 치기

나는 절망 속에서도 동료를 끝까지 책임졌던 탐험가 새클턴의 리더십을 떠올리며 정면 돌파를 선택했다. "말라 죽느니 싸우다 맞아 죽겠다"라는 각오로 비상대책회의를 열었다. 하지만 내부 정보는 실시간으로 K사에 유출되고 있었다.

D기업의 정상적인 항공기 조립 공정

어느 폭우가 쏟아지는 날, K사 담당 임원은 나에게 '명예'를
운운하며 사퇴를 종용하는 회유를 하더니, 이내 징벌적 법적

책임을 져야 할 것이라며 노골적인 협박을 가했다. 내 신변을 걱정해 보디가드를 붙이자는 제안이 나올 정도로 긴박한 상황이었으나, 나는 단호히 거절하고 실력 행사에 나섰다.

법치 없는 사회, 길거리로 내몰린 298명의 가장

나는 국가 사정기관들에 이 불법적 착취를 공식 보고했으나, 권력의 눈치를 보는 기관들은 묵묵부답이었다. 마지막 수단은 길거리 집회뿐이었다. 2016년 가을, 우리는 현수막을 들고 광장으로 나갔다. 공교롭게도 당시 세상을 뒤흔든 '국정농단 사건'이 터졌고, 우리는 그 본질이 기업 현장에도 독버섯처럼 퍼져 있음을 목격했다.

보복은 잔혹했다. 계획에 없던 세무조사와 회계감사가 이어졌고, 재무 압박으로 인한 임금 체불은 나를 죄인으로 만들었다. 전기료마저 체납되어 공장이 멈추기 직전까지 몰렸다. 결국 회사는 법정 관리(회생 절차)에 들어갔고, 엄동설한에 298명의 종업원과 가족들은 삶의 터전을 잃었다. 65년 인생에서 가장 혹독한 시련의 터널이었다.

기업 생존을 위한 최후의 수단

시련의 터널 끝에서 건져 올린 가치

세월이 흘러 정권이 바뀐 뒤, K사 사장이 압수수색을 당하고 중형을 구형받았다는 소식을 접했다. 사필귀정(事必歸正)이라 위안하면서도, 과연 우리 국정 시스템이 정상화되었는지는 여전히 의문이다.

1년간의 짧은 경영 체험은 나에게 '정글의 법칙'이 지배하는 세상의 이면을 뼈아프게 보여주었다. 그 과정에서 얻은 가장 큰 소득은 '인식의 감옥'에서 벗어난 것이다. 가난과 실패가 개인의 책임만이 아니라 불합리한 사회 구조에서 기인할 수 있음을 처절히 깨달았다.

산업 현장의 '정글의 법칙'

새 출발을 꿈꾸는 청년들이여, 인생의 항로에서 예상치 못한 시련은 언제든 닥칠 수 있다. 나의 이 혹독한 실패 보고서가 여러분의 삶을 지키는 예방 주사이자 벤치마킹 모델이 되기를 바란다.

03

정의와 공정이라는 가치

"정의는 사회 제도의 첫 번째 미덕이다."
(Justice is the first virtue of social institutions.)

— 존 롤스(John Rawls) —

갑을 관계에서 정의와 공정이 보장되는가? 대기업과 협력(하청)기업 간 상생 협력은 가능한가? 왜 하도급 공정화법이 입법화되었는지 생각해 봐야 한다. 갑을 관계에서는 자발적인 정의와 공정이 어렵기 때문에 결국 법이라는 강제적 제도가 마련된 것이다. 유사한 학력과 기술력을 가진 두 사람이 한 사람은 대기업 직원으로, 다른 한 사람은 협력기업 직원으로 채용되었다고 가정하자. 이들은 취업 전에는 동등한 신분이었지만, 취업과 동시에 자동적으로 갑을 관계가 형성된다. 즉, 친구 사이가 사실상 주종관계로 전환되는 것이다.

필자의 경우도 협회 임원 임기를 마치고 중견기업 대표로 부임하는 순간, 대기업 직원들의 '을'이 되어 그들을 상전으로 모셔야 했다. 그런 구조에서 살아남기 위해 정의와 공정보다는 '또 다른 편법과 불공정이 동원되는 것은 아닌지' 하는 생각이 들었다. 기업을 경영하는 사람들은 보통 휴대폰을 2개 이상 가지고 다닌다고 한다. 필자가 휴대폰이 하나밖에 없다고 하니 모두 이상한 눈초리로 나를 바라보았다. 아마 세상 물정 모르는 사람이라고 생각한 듯하다.

이 세상이 정의롭고 순리대로 돌아간다면 왜 휴대폰을 여러 개씩 가지고 다닐 필요가 있겠는가? 최근 특검 과정에서 나타난 것처럼 기밀을 취급하지 않는 피의자가 비화폰이나 차명폰을 사용하여 문제가 되는 것도 같은 맥락이다. 위법·탈법적 거래의 비밀 유지나 추후 수사에 대비하여 별도의 폰이 필요했을 것으로 보인다. 필자가 직접 경험한 갑을 관계를 계기로 우리 사회 전반의 정의와 공정이 왜 절실하며 하루빨리 성숙되어야 하는가를 살펴보자.

정의와 공정은 사회의 버팀목

21세기 우리 사회는 지구촌에서 가장 빠른 속도로 경제 성장을 달성했지만, 사회 곳곳에서는 정의와 공정에 대한 불신이 깊어지고 있다. 청년층은 '공정'을 시대정신으로 외치고 있으며, 불평등·특권·기득권 문제는 우리 사회의 지속 가능성을 위협하는 핵심 과제로 부각되고 있다. 정의와 공정은 단순한 도덕적 가치가 아니라, 국가 공동체의 결속력과 혁신 역량을 유지하기 위한 제도적 기반이다.

플라톤은 정의를 '각자가 자기 역할을 다하는 것'으로 보았고, 현대 철학자 존 롤스는 정의를 "사회 제도의 제1덕목"이라 규정하며 '공정으로서의 정의'라는 개념을 제시했다. '공정'은 정의의 하위 개념이면서도 실질적 작동 원리를 강조하는 가치다. 기회가 평등하고 절차가 투명하며 결과가 합리적인 상태를 의미한다. 정의롭고 공정한 사회는 구성원 간의 신뢰를 강화하여 갈등 비용을 절감하지만, 반대의 경우 불만과 분노가 누적되어 사회 전반에 극단주의적 양상이 나타난다.

현재 우리나라는 OECD 국가 중 자산 불평등이 매우 높은 편이다. 부동산 가격 폭등은 '공정한 기회'에 대한 체념을 야기하고, 기득권 권력 집단의 폐쇄적 네트워크는 사회적 이동성을 저하시킨다. 법 집행이 권력과 재력에 따라 다르게 적용되는 사례는 '유전무죄, 무전유죄'라는 냉소를 낳았다.

이를 해결하기 위해 법 앞의 평등을 철저히 구현하고 권력형 비리를 엄정히 처벌해야 한다. 또한 교육과 채용 등 핵심 영역에서 불합리한 특혜를 제거하고 청년층의 진입 장벽을 낮춰야 한다. 조세 시스템 개선을 통해 빈부 격차를 완화하고 세습 자본주의를 방지하는 노력도 병행되어야 한다. 정책 결정 과정에서 국민 참여를 확대하고, 리더층의 솔선수범을 통해 부패와 편법에 대한 사회적 용인을 줄여나가는 문화적 노력이 필요하다.

정의와 공정은 정상적인 사회를 유지하며 페어플레이를 가능하게 하는 근간이다. 공정한 경쟁 환경이 마련될 때 국민은 다시 희망을 품고 공동체의 미래에 참여할 것이다. 필자가 정의와 공정을 제기한 배경은 '정글의 법칙' 현장에서 그 중요성을 실감했기 때문이다. 정의가 정착되면 약육강식은 통할 수 없다. 당국은 미흡한 법규를 보완하여 더 이상 억울한 피해자가 생기지 않도록 해야 하며, 언론과 시민사회는 추상같은 감시를 통해 정의롭고 공정한 사회를 정착시켜야 한다.

정의로운 세상의
구조적 모순과 장애물

"풍랑은 언제나 능력 있는 항해사의 편이다."
— 에라스무스(Erasmus) —

러시아 격언에 "전쟁에 나갈 때는 한 번 기도하고, 바다에 나갈 때는 두 번 기도하라"라고 하였다.

이처럼 바다에는 수많은 역경이 도사리고 있으며, 이를 지혜롭게 극복해야만 비로소 성공적인 항해를 완수할 수 있는 법이다.

필자는 이번 장을 통해, 우리 사회가 마주한 거친 풍랑의 실체를 분석하고자 한다.

☑ 실상 파악 ☑ 문제 확인 ☑ 대책 마련

우리 사회에 만연한 불합리는 단순히 '나쁜 사람이 많아서' 발생하는 현상이 아니다. 오히려 나쁜 선택을 하더라도 그에 합당한 책임을 지지 않아도 되는 모순된 구조에 그 근본 원인이 있다. 따라서 이 문제의 궁극적인 해결책은 단순한 제도의 신설이나 보완에 있는 것이 아니라, 우리 사회 구성원 모두의 근본적인 의식 변화에 있다.

01

윗물 정치권력은 깨끗한가

"군자의 덕은 바람과 같고, 소인의 덕은 풀과 같다.
풀은 바람이 부는 대로 쓰러지는 법이다."

― 공자(孔子) ―

"윗물이 맑아야 아랫물도 맑다"라는 말은 평범한 진리이다. 정치권력이 정의롭고 공정하며 모든 면에서 모범적이라면 공직사회의 신뢰도는 더욱 높아질 것이다. 필자의 경험에 의하면 우리 사회 구조의 불합리와 구성원의 도덕적 해이의 근원은 권력의 최상부인 정치권에 있다. 정치권력의 도덕적 해이는 그들만의 문제로 끝나지 않고 사회 전반에 악영향을 미친다. 정치권이 불법적인 정치자금을 수수하면 그 권력은 자금의 노예가 되고, 이 악순환이 하부 구조로 연결되어 비리가 꼬리에 꼬리를 물게 되는 것이다.

필자는 대표적인 문제로 '정치인의 출판기념회'를 비리의 온

상으로 꼽는다. 이를 폐지해야 한다는 칼럼을 언론에 여러 차
례 게재하기도 하였다. 정치인의 출판기념회는 공식적인 정치
자금 각출 수단이라고 해도 과언이 아니다. 최근 총리 인사청
문회 과정에서도 이 문제가 노출되어 세간의 관심을 끌었다.
자금난에 시달리는 정치인들이 출판기념회를 돌파구로 삼아
온 것이 사실이다. '책'을 매개로 지지자를 모아 세를 과시하고,
'책값' 명목으로 비공식 후원금을 받을 수 있기 때문이다.

가장 큰 문제는 봉투에 담긴 음성화된 책값이다. 도서 정가
인 1~2만 원보다 훨씬 많은 금액을 내는 것이 관례처럼 굳어
져 있다. 참석자 상당수가 정가의 몇 배를 지불하며, 일부는 뇌
물 성격의 거액을 보내기도 한다. 하지만 얼마를 모금했는지
선관위에 신고할 의무도 없고, 과도한 모금이 드러나도 처벌
할 법적 근거가 전혀 없다. 세상에 공짜는 없는 법이다. 출판기
념회에서 거액을 제공한 사람은 그 순간 정치인과 암묵적 거래
관계를 형성하며, 추후 그에 상응하는 대가나 이권 개입을 요
구하게 된다. 정치권 스스로도 이런 폐단을 인식하여 폐지 법
안을 발의한 적이 있으나, 결국 입법화에는 실패하였다.

반복되는 공천헌금 비리 또한 심각한 문제이다. 이는 우리
정치의 고질적인 병폐이자 구조적 부패 현상이다. 공천은 정당
이 후보를 결정하는 핵심 권한인데, 여기에 금전이 개입하면

정치권 1호 혁신 대상, 출판기념회

민주주의의 근간인 공정성이 훼손된다. 이 문제의 근본 원인은 공천권의 과도한 집중과 불투명한 의사결정에 있다. 밀실 공천이 이루어질수록 금전의 유혹은 커지며, 과도한 선거 비용은 후보자들에게 '공천을 위한 투자'라는 왜곡된 인식을 심어준다.

선거 때마다 정치개혁과 특권 내려놓기 공약이 등장한다. 이제는 허공에 외치는 구호가 아니라 실천이 필요한 시대이다. 정치라는 윗물이 맑아야 공직사회 구석구석 아랫물이 깨끗해지고 국민이 신뢰하는 사회가 될 것이다.

국가의 격을 높이기 위해서는 정치 선진화가 필수적이다. 구멍가게 하나를 사고팔 때도 전문가인 공인중개사가 필요한데, 국정을 책임지는 정치가가 아무런 자격 없이 경영을 해도 되는

지 의문이다.

필자는 국회의원에게도 엄격한 자격 제도가 필요하다고 본다. 이러한 인식으로 정치학 박사 논문 주제를 '정치인 자격 부여 제도에 관한 연구'로 구상하여 지도교수와 협의한 적이 있다. 당시 교수님은 참신하고 절실한 문제이나 논문 통과가 어려울 것이라고 하여 문제 제기에 그쳤던 기억이 있다.

정치에 대한 국민의 불신은 매우 깊다. 여론조사에 따르면 국민의 88%가 정당에 불만족을 표했으며, 그 이유로 '자신들의 이익만 챙기기 때문'이라는 응답이 71%에 달했다. 이러한 불신은 사회 전반의 냉소주의를 확산시키고 경제적 효율성을 저해하는 구조적 문제이다. 정치가 타락하면 시민들의 노력이 헛되게 느껴지고 사회적 일체감이 붕괴된다. 한국 정치가 신뢰를 회복하려면 정치권 스스로 모범이 되는 리더십을 보여야 한다.

정치 부패는 민주주의를 병들게 한다. 정치권은 법을 만드는 곳인 만큼, 법과 원칙을 먼저 준수해야 한다. 전직 대통령이나 국회의원, 장관들의 비리 사건은 국민적 불신을 심화시켰다. 따라서 정치인은 개인적 이윤 추구를 중단하고 사적 이익이나 권한 남용에 단호한 모습을 보여야 한다. 모든 정치자금의 투명성을 강화하고, 법적 처벌 이전에 도덕적 책임을 통감하는 자세가 필요하다.

오늘날 우리 정치는 '권력 이슈'와 '혐오의 정치'를 중심으로 극심한 양극화 현상을 겪고 있다. 이러한 대립은 정책보다 정쟁을 우선시하게 만들며, 국민의 삶과 동떨어진 갈등만 양산한다. 정당한 권력 쟁취를 넘어 국민의 삶을 진정으로 책임지는 자세가 요구된다. 이는 몇몇 제도를 고치는 것으로는 부족하다. 정치인 스스로 독단에서 벗어나 성숙한 정치의식을 갖추고 무엇보다 청렴한 공직자의 모범을 보여야 한다.

- 윗물이 맑아야 아랫물도 맑다 -

깨끗한 사회 원리는 자연의 교훈

윗물인 정치권이 청렴하고 책임 있는 모습을 보일 때 사회 전반에 신뢰가 확산된다. 정치권력의 모범은 국가 경쟁력을 높이는 길이며, 사회에 첫발을 내딛는 청년들에게 희망을 주는 일이다.

02

불공정의 표본 전관대우

"은퇴한 권력이 유령처럼 법정에 떠돌 때,
정의는 목소리를 잃는다."
– 창작 명언 –

우리 사회에서 전관예우는 오랫동안 구조적 문제로 지적되어 온 현상이다. '전관예우'란 법조계·관료사회·군·경찰 등 권력 기관 출신 인사가 퇴직 후 민간 부문에 진출했을 때, 전직의 지위를 이용해 부당한 특혜를 받거나 사적 영향력을 행사하는 것을 의미한다.

특히 법조계에서 전관예우는 '유전무죄, 무전유죄'라는 사회적 불신을 강화하며 사법 정의를 위협하는 고질적 병폐로 손꼽힌다. 또한 정치·경제·행정 전반에서도 퇴직 관료나 고위 인사들의 특혜성 취업과 영향력 행사가 빈번하게 나타나고 있다. 필자는 전관예우의 실상을 구체적으로 짚어보고, 이를 해결하기 위한 제도적·문화적 대책을 제시하고자 한다.

전관예우의 배경에는 연고와 위계질서를 중시하는 오랜 유교 전통과 관료주의적 사고가 자리 잡고 있다. '선배-후배', '스승-제자' 관계에 기초한 집단주의 문화는 전관예우가 자라기 좋은 토양이 되었다. 사법부와 검찰 조직이 정치권력과 밀접하게 연계되어 온 역사 또한 원인이다. 판사나 검사가 퇴직 후 변호사로 개업할 때 현직 후배들에게 영향력을 행사할 수 있는 구조가 제도적으로 열려 있었던 것이다.

관료사회 역시 '낙하산 인사'와 '퇴직 후 재취업 보장' 관행을 유지해 왔다. 고위직 공무원이 퇴직 후 산하기관이나 민간기업의 고문·자문으로 자리를 옮기는 구조는 전관예우를 하나의 제도로 정착시켰다.

법조계의 실상을 보면 더욱 명확하다. 고위 판·검사 출신 변호사가 특정 사건을 수임할 경우, 해당 법원이나 검찰청의 후배 법조인들은 직산접석인 압박을 받는다. 이는 '전화 한 통'만으로도 결과가 바뀔 수 있다는 사회적 인식을 낳았다.

실제로 대형 로펌은 전직 대법관이나 검찰총장을 고액 연봉으로 영입하며 사건 수임률을 높여왔다. 영화 〈또 하나의 약속

(2014)〉에서 묘사된 것처럼, 막강한 전관 변호사의 영향력은 때로 피해자를 부당한 가해자로 뒤바꿔 놓기도 한다. 국민이 납득할 수 없는 판결의 배후는 전관의 영향력일 가능성이 높다.

관료 사회의 '관피아(관료+마피아)' 현상도 심각하다. 인허가권과 규제 권한을 쥐었던 공무원들이 퇴직 후 이해관계가 얽힌 기업으로 이동해 방패막이 역할을 한다. 가습기 살균제 사건이나 4대강 사업 등 대형 사회적 참사 이면에는 늘 관료와 기업 간의 유착과 전관예우가 도사리고 있었다. 군 장성이나 경찰 고위직이 방산업체나 보안업체로 재취업하며 특혜성 계약을 유도하는 행위 또한 국가 안보와 공공 안전을 위협하는 요소이다.

필자 역시 기업 현장에서 이와 유사한 사례를 목격한 바 있다. 모 회사 대표는 전직 국장급 공무원 P를 영입하기 위해 별도의 자리까지 마련하며 공을 들였다. 이는 P국장이 현직 시절 해당 기업에 제공했던 특혜에 대한 보답이라는 것이 업계의 공공연한 비밀이었다. 퇴직 후 재취업을 담보로 공권력을 사적으로 이용하는 행위는 공직 수행의 본질을 오염시키고 부패를 심화시키는 구조적 문제를 야기한다.

전관예우는 사회적 불평등을 확대하고 공정성에 대한 신뢰를 훼손한다. 돈과 권력을 가진 자만이 이 혜택을 누릴 수 있기에 일반 국민은 법치주의에 대한 깊은 무력감을 느낀다. 전관예우의 문제점은 다음과 같이 요약할 수 있다.

첫째, 정의와 공정의 원칙을 무너뜨려 법치주의를 훼손한다.

둘째, 현직 시절부터 퇴직 후를 도모하게 만들어 부패 고리를 형성한다.

셋째, 법망을 피해 가는 특권층을 양산하여 사회적 불평등을 심화시킨다.

넷째, 낙하산 인사로 인해 공직 내부의 사기와 전문성을 저하시킨다.

다섯째, 우리 사회의 투명성을 떨어뜨려 대외적인 국제 신뢰도를 실추시킨다.

역사 속으로 사라져야 할 전관예우

이를 근절하기 위해 우선 개혁을 통해 제도적 대책을 강구해야 한다. 공직자윤리법상의 취업 제한 규정에서 예외 조항을 대폭 축소하고 사후 관리를 엄격히 해야 한다. 또한 법조계의 수임 제한 기간을 현행보다 긴 3~5년 이상으로 대폭 늘려 실효성을 확보해야 한다. 퇴직 이후에도 고위직의 재산 형성과 활동 내역을 철저히 검증하고, 독립적인 감시기구를 설치하여 전관예우 사례를 추적하고 처벌할 수 있는 장치를 마련해야 한다.

문화적 혁신도 병행되어야 한다. 학연·지연 중심의 연고주의를 극복하고 능력과 성과에 따른 공정한 평가 문화를 정착시켜야 한다. 공직자 윤리 교육을 강화하여 위반 시 실질적인 불이익이 따르도록 해야 하며, 시민사회와 언론의 지속적인 감시가 필요하다. 특히 전관예우에 거부감이 큰 젊은 세대의 사회 참여 확대는 이러한 낡은 문화를 타파하는 촉매제가 될 것이다.

전관예우는 단순한 특혜를 넘어 법치주의를 위협하고 사회 통합을 저해하는 뿌리 깊은 병폐이다. 따라서 부당한 행위에 대한 징계를 대폭 강화하고 형사 처벌까지 이어지도록 관련 법규를 보완해야 한다. 처벌의 실효성을 높여 유혹 자체를 차단해야 할 것이다.

결국 전관예우 근절은 개혁을 통한 강력한 제도적 장치와 더불어 사회 전체가 '공정한 신뢰'를 핵심 가치로 삼을 때 비로

소 가능하다. 공직자와 법조인 스스로가 국민에 대한 봉사자
라는 정체성을 회복할 때 우리 사회의 정의는 바로 설 수 있는
법이다.

03

뿌리 깊은 갑질 관행

"가장 힘센 자가 가장 옳은 것이 되는 순간,
정의는 침묵한다."

— 알베르 카뮈(Albert Camus) —

‘치맥’, ‘대박’, ‘꼰대’보다 더 국제적으로 알려진 한국어 단어가 있다. 바로 ‘갑질’이다. 외신들도 잇달아 한국의 갑질 현상을 보도하고 있다. 최근 뉴욕타임스와 CNN 등은 갑질을 ‘지위를 이용한 권위적인 횡포’로 정의하며 설명했고, 이 단어는 옥스퍼드 사전에도 등재되었다. 우리 사회에서 갑질은 사회적·경제적 우위에 있는 사람이 약자에게 행하는 부당한 행위와 모욕적 언행을 포괄하는 신조어이다. 이는 단순히 개인 간의 갈등을 넘어 사회 전반의 불공정과 불평등을 심화시키는 심각한 사회 문제이다.

대표적인 사례로 2014년 대한항공 ‘땅콩 회항’ 사건을 들 수 있다. 당시 부사장이 승무원의 서비스를 문제 삼아 폭언과 폭행을 가한 이 사건은 국민적 분노를 일으켰다. 이는 기업 오너 일가의 일탈이 사회 전체의 공분을 살 수 있음을 보여준 상징적인 사례이다.

갑질은 권력 관계가 존재하는 모든 곳에서 발생한다. 직장 내 갑질이 가장 흔한 형태인데, 상사가 부하 직원에게 사적인 심부름을 시키거나 인격 모독, 부당한 업무 지시, 퇴사 압박을 가하는 경우가 이에 해당한다. 이는 근로자의 인권을 침해하고 조직의 생산성을 저하시킨다. 고객의 갑질 또한 심각하다. '고객이 왕'이라는 인식이 왜곡되어 서비스직 종사자에게 폭언과 폭행을 가하는 행위는 감정 노동자들을 극단적 선택으로 몰아넣기도 한다.

'갑'의 노예가 된 '을'의 애환

사회적 갑질은 공공기관이나 대기업 등 거대 권력이 중소기업이나 시민에게 불공정 계약을 강요하는 경우이다. 대기업이 납품 단가를 일방적으로 낮추거나, 필자가 K회사 사장에게 당한 것처럼 갑작스럽게 계약을 취소하는 행위 등이 여기에 포함된다. 생활 속 갑질도 빈번하다. 아파트 입주민이 경비원에게 부당한 업무를 강요하거나 택배 기사에게 무리한 요구를 하는 행위는 구성원 간의 기본적인 존중을 훼손하는 일이다.

갑질의 근본 원인은 권위주의적 문화와 수직적 위계질서에 있다. 자신의 권력이 타인을 통제할 수 있는 수단이라는 왜곡된 인식이 갑질을 조장한다. 또한 약자를 보호할 법적 장치가 미흡하고, 불이익이 두려워 신고를 꺼리는 문화도 근절을 어렵게 만든다.

갑질은 개인의 피해를 넘어 사회 전반에 악영향을 미친다. 피해자에게 깊은 모멸감을 안겨 구성원 간의 불신과 적개심을 조장한다. 직장 내에서는 창의적 아이디어를 가로막아 조직의 경쟁력을 약화시킨다. 무엇보다 정당한 원칙보다 힘의 논리가 우선시되는 환경을 만들어 사회적 도덕의 해이와 부패를 부추긴다.

이 문제를 해결하기 위해서는 법적·제도적 개선과 인식 변화가 동시에 필요하다. 먼저 '직장 내 괴롭힘 금지법'을 강화해야 한다. 괴롭힘의 개념을 명확히 하고 신고 절차를 간소화하며 가해자 처벌을 강화해야 한다. 징벌적 손해배상제도를 도입하여 가해자에게 실질적인 경각심을 주는 것도 방법이다.

익명 신고 시스템을 구축하여 피해자가 보복의 두려움 없이 사실을 알릴 수 있게 해야 한다. 기업과 기관은 예방 교육을 의무화하고 사건 발생 시 즉각적인 조사와 조치를 취할 법적 책임을 져야 한다. 교육 현장에서도 어릴 때부터 인권과 타인에 대한 존중을 가르쳐야 하며, 수직적 질서 대신 소통을 기반으로 한 수평적 조직 문화를 확산시켜야 한다. 호칭 파괴와 자유로운 의견 교환은 그 시작이 될 수 있다.

결론적으로 갑질은 개인의 실수가 아닌 우리 사회의 구조적인 문제이다. 강력한 법적 제재와 함께 서로를 배려하는 성숙한 시민 의식이 필수적이다. 갑질 없는 사회를 만드는 것은 우리 모두의 책임이며, 공정하고 건강한 사회로 나아가는 길이다. 갑질 없는 세상은 이제 막 사회에 첫발을 내딛는 청년들에게 가장 큰 희망이다.

발전의 걸림돌, 다양한 갈등 관계

**"세상을 나누는 벽은
사람의 마음속에서 먼저 세워진다."**

− 마르틴 루터 킹 주니어(Martin Luther King Jr.) −

서울신문이 현대리서치연구소에 의뢰해 전국 유권자 1,208명을 대상으로 조사한 결과, 응답자의 39.2%는 '빈부 갈등'이 우리 사회에서 가장 심각한 갈등이라고 답하였다. 이어 이념 갈등이 24.4%, 남녀 갈등 13.1%, 지역 갈등 11.6%, 세대 갈등이 9.7% 순으로 나타났다.

모든 사회에는 크고 작은 갈등이 존재하기 마련이다. 갈등은 사회 구성원들의 다양한 이해관계와 가치관이 충돌하면서 발생하는 자연스러운 현상이다. 하지만 우리 사회의 갈등은 매우 심각한 수준으로, 경제협력개발기구(OECD) 회원국 중에서도 상위권에 속한다. 이러한 갈등은 사회적 통합을 저해하고 불필요한 사회적 비용을 초래하며, 결국 국가 발전에 큰 장애물이 된다.

우리 사회에서 가장 두드러진 갈등 중 하나는 계층 갈등이다. 부동산 가격 급등과 경제 양극화로 인해 상류층과 하류층 간의 자산 격차는 심화되고 있으며, 계층 이동의 사다리가 끊겼다는 인식이 확산되고 있다. 세대 갈등도 심각한 수준이다. 청년 세대는 취업난과 주거난에 시달리며 기성세대의 정책 실패를 비판한다. 반대로 기성세대는 청년 세대가 노력과 인내심이 부족하다고 여기는 경우가 많아 상호 불신이 커지고 있다.

노동조합과 경영진 간의 갈등은 한국 사회의 오랜 숙제이다. 비정규직의 정규직화, 임금체계 개편, 근로시간 단축 등에서 첨예한 대립이 발생한다. 대기업과 중소기업, 정규직과 비정규직 간의 임금 격차는 노동 시장의 양극화를 심화시켜 사회 통합을 저해한다. 정치적 양극화 또한 고질적인 문제로 자리 잡았다. 진보와 보수 진영은 국가 비전과 정책에 대해 극명히 대립하고 있으며, 합의와 타협보다는 투쟁 중심의 대치 국면이 지속되고 있다. 이러한 정치적 갈등은 사회 전반으로 확산되어 국민 통합을 가로막는다.

서울과 지방 간의 발전 격차 역시 해소되지 않은 과제이다. 수도권 집중 현상은 지방 소멸 위기를 가속화시키고 있으며,

우리 사회 고질적 문제, 다양한 갈등

이에 따른 불만과 갈등이 커지고 있다. 지방 주민들은 수도권 위주의 정책에 반발하며 국가 균형 발전을 강력히 요구하고 있다. 아울러 다문화 사회로 변모하면서 외국인 노동자 및 이주민과의 갈등이 발생하고 있으며, 젠더 이슈와 관련한 남녀 갈등이 온라인 공간에서 혐오 표현으로 분출되는 등 심각한 양상을 띠고 있다.

갈등이 적절히 관리되지 않으면 사회적 불신이 심화되어 공동체의 결속이 약화된다. 파업과 시위로 인한 경제적 손실이 발생하고, 사회적 합의 부족으로 인해 국가적 개혁 과제가 지연되는 등 정책 추진력이 약화된다. 또한 국민 개개인에게 심리적 피로감을 안겨 분열과 냉소를 증폭시킨다. 이를 해결하기 위해 다음과 같은 대책이 필요하다.

첫째, 사회적 대화 기구를 강화해야 한다. 노사정위원회 등을 활성화하고 이해관계자 간의 상시 협의 구조를 마련해야 한다. 정책 결정 과정에 시민 참여를 확대해 갈등을 사전에 예방해야 한다.

둘째, 공정한 제도를 설계해야 한다. 불평등 해소를 위해 조세와 복지 제도를 재설계하고, 청년층과 취약계층에 대한 사회적 지원을 확대하여 계층 이동의 기회를 회복시켜야 한다.

셋째, 소통과 신뢰를 회복해야 한다. 정부와 언론, 시민사회가 협력하여 사실 기반의 소통 문화를 조성하고, 가짜 뉴스와 혐오 발언에 대한 대응을 강화해야 한다.

넷째, 갈등 전문 인력을 양성해야 한다. 갈등 조정 전문가와 중재자를 양성하고 지자체 단위의 갈등관리센터를 운영하는 등 전문적인 인프라를 마련해야 한다.

다섯째, 교육을 통한 인식 개선이다. 학교와 직장에서 의사소통과 공감 능력을 기르는 교육을 강화하고 다양성을 존중하는 문화를 확산시켜야 한다.

갈등은 피할 수 없는 사회 현상이지만, 관리 방식에 따라 사회를 성장시키는 에너지로 전환될 수 있다. 우리 사회는 이제 갈등을 억누르는 방식에서 벗어나, 합리적 대화와 조정 시스템을 통한 생산적 관리로 나아가야 한다. 정부, 시민사회, 기업, 개인 모두가 역할을 분담하고 공정한 제도와 건강한 소통 문화를 구축할 때 비로소 지속 가능한 사회 통합이 가능할 것이다.

한류가 지구촌을 점령하고 있는 지금, 진영 논리에서 벗어나 '우리 편'으로 통합하는 새로운 시대를 열어야 한다. 필자는 사회 갈등의 원인을 외부에서만 찾기보다 '나'로부터 찾는 것이 중요하다고 본다. 갈등을 다른 사람이나 기관이 만든 것이라 치부하기 전에, 내 스스로가 그런 잘못을 저지르고 있지는 않은지 먼저 성찰해야 한다. 나에게 잘못을 묻고 해결책을 찾으려 할 때 갈등은 조금씩 줄어들 수 있다.

우리 사회 구성원 중 누구도 오늘날의 갈등 원인에서 자유롭지 못하다. 권력의 최상층부부터 전 국민이 고(故) 김수환 추기경의 "내 탓이요"를 되새겨야 한다. 스스로 국가의 이익을 위해 어떠한 처신을 해야 할지를 진지하게 반성할 때, 우리 사회의 갈등은 비로소 미래 발전의 동력으로 승화될 것이다.

05

공정을 가로막는 끼리 문화

> "공정함이 없으면,
> 가까운 사람을 편애하고 먼 사람을 멀리한다."
> — 공자(孔子) —

대한민국 사회는 비약적인 경제 성장과 민주화를 거쳐 왔지만, 여전히 '끼리 문화'가 뿌리 깊게 자리 잡고 있다. 끼리 문화란 학연·지연·혈연 등을 매개로 특정 집단이 이익을 독점하고 외부인을 배척하는 폐쇄적 문화를 뜻한다. 이는 본질적으로 "우리가 남인가?"라는 정서에서 출발한다. 1992년 대선을 앞두고 발생한 '초원복국집 사건'은 지역감정을 조장하기 위해 이 정서를 악용한 대표적 사례이다. 이러한 문화는 과거 공동체 의식을 강화하는 측면도 있었으나, 현대 사회에서는 사회적 이동성을 저해하고 능력주의를 무력화하는 부정적 요소로 작용한다.

끼리 문화의 특징은 네 가지로 요약된다.

첫째는 내부자 중심으로 관계를 형성하는 배타성이며, 둘째는 엄격한 선후배 관계와 권력 구조를 중시하는 서열성이다.

셋째는 구성원 간의 특혜와 기회를 나누는 상호 이익 공유이며, 마지막은 공식 제도가 아닌 비공식 인맥을 통해 작동하는 은밀성이다.

이러한 특징은 사회 전체의 공정성과 경쟁 질서를 심각하게 훼손한다.

공정을 가로막는 끼리 문화

우리 사회의 구체적 양상을 살펴보면, 먼저 정치권은 계파와 지역 기반의 끼리 문화가 공고하다. 공천 과정에서 능력보다 충성도가 우선시되어 신진 인사의 진입을 막고, 정책 결정이 공익보다 특정 집단의 이익에 치우치는 경우가 많다. 기업 세계 또한 재벌 중심의 인맥 채용과 승진이 빈번하며, 협력업체와의 관계에서도 투명한 경쟁보다 '끼리 거래'가 우선시되어 시장 질서를 흔든다.

교육 분야의 '학벌 카르텔'도 막강하다. 특정 대학 출신들이 채용과 승진에서 서로를 우대하며 능력보다 학연을 우선시함으로써 교육의 본래 목적을 왜곡한다. 일반적인 직장 문화 역시 상사와의 사적 유대나 술자리가 인사 평가에 영향을 미치는 경우가 많아 젊은 세대의 불만을 자아낸다. 언론계와 문화계 또한 파벌 중심의 인사와 지원금 배분이 이루어져 창의성과 다양성을 가로막는 장벽이 되고 있다.

끼리 문화가 초래하는 문제는 치명적이다. 기회가 인맥에 따라 주어지며 사회 정의가 흔들리고, 개인의 노력으로 계층 상승을 꾀하기 어려운 구조를 만든다. 또한 자원 독점과 불평등을 심화시키며, 실력 없는 인맥이 요직을 차지함으로써 조직의 효율성을 떨어뜨린다. 무엇보다 청년 세대에게 "열심히 해도 소용없다"라는 냉소주의를 심어 사회적 신뢰를 무너뜨린다.

이를 극복하기 위해 필자는 다음과 같은 대책을 제시한다. **첫째, 제도 개혁이 시급하다.** 블라인드 채용을 확대하고 공천 과정을 공개하는 등 채용과 인사 시스템을 투명하게 만들어야 한다.

둘째, 시민사회의 감시 기능을 강화해야 한다. 언론과 단체가 끼리 문화로 인한 부정을 고발하고 청년들의 목소리를 정책에 반영해야 한다.

셋째, 문화적 변화가 동반되어야 한다. 연고 중심의 인식을 넘어 능력과 성과를 중시하는 가치관으로 전환해야 한다.

넷째, 기술적 혁신을 활용해야 한다. 인공지능(AI) 기반의 객관적 평가나 블록체인을 통한 투명 행정 시스템은 인맥의 개입을 차단하는 훌륭한 도구가 될 수 있다.

우리 사회의 끼리 문화는 전 영역에 걸쳐 공정성을 가로막는 구조적 장애물이다. 이는 국민을 분열시켜 국가 경쟁력을 저하시키고 개인의 잠재력을 사장시킨다. 단순히 특정 집단의 문제를 넘어 우리 사회의 미래를 위협하는 도전인 셈이다. 따라서 제도적 규제와 문화적 혁신, 기술적 보완이 동시에 추진되어야 한다. 우리 모두가 '공정'이라는 가치를 실천할 때 비로소 끼리 문화의 벽을 넘을 수 있으며, 사회에 첫발을 내딛는 청년들이 진정한 꿈과 희망을 품을 수 있을 것이다.

06

성장을 저해하는 기득권 카르텔

"모든 권력은 부패하기 마련이고,
절대 권력은 절대적으로 부패한다."

— 액턴 경(Lord Acton) —

우리 사회는 지난 수십 년간 산업화와 민주화를 동시에 이루며 괄목할 만한 발전을 달성하였다. 그러나 이러한 외적 성장에도 불구하고 사회 곳곳에는 여전히 견고한 기득권 구조가 존재한다. 이른바 '기득권 카르텔'은 정치·경제·사회 전반에서 강력한 영향력을 행사하며, 불평등을 심화시키고 사회적 이동성을 가로막는 결정적 요인이 되고 있다. 필자는 기득권 카르텔의 실상을 구체적으로 살펴보고, 이를 극복하기 위한 대책을 모색하고자 한다.

'기득권 카르텔'이란 특정 집단이 기존의 권력과 자원을 독점하기 위해 상호 연대하는 구조를 의미한다. 이는 단순한 개인의 특권을 넘어, 집단이 제도적 장치를 활용해 권력을 공고히 하는 체제를 뜻한다. 이들은 외부의 진입을 차단하는 폐쇄성, 지위와 자원을 자녀에게 대물림하는 세습성, 불합리한 구조를 법으로 정당화하는 제도적 합법성, 그리고 공익을 내세우지만 실제로는 사익을 추구하는 이중성을 특징으로 한다.

기득권 배타적 울타리: 성 안과 성 밖

정치권은 대표적인 카르텔의 현장이다. 양당 구도 속에서 정치 엘리트들은 공천권과 인적 네트워크를 활용해 권력을 재생산한다. 투명하지 못한 공천 과정은 신진 정치인의 진입을 막고 유권자의 선택권을 제한한다. 경제 구조 역시 재벌 대기업 중심으로 짜여 있다. 정부와의 유착 속에서 성장한 재벌은 시장 지배력을 남용해 중소기업의 성장을 억제하며, 세습 경영을 통해 불평등을 고착화한다.

교육 또한 기득권 재생산의 도구로 전락하였다. 상위 계층은 사교육과 특목고 등 다양한 경로로 자녀에게 특혜를 제공하며,

이는 고소득 직업군 진입으로 이어져 세대 간 계급화를 초래한다. 언론 역시 권력과 밀착되어 여론을 왜곡하고 사회 개혁의 동력을 약화시킨다. 특히 법조계의 전관예우, 의료계의 이익 단체화 등 전문직 영역의 카르텔은 국민적 신뢰를 붕괴시킨다. 필자는 그중에서도 법의 수호 기능인 국민 안전을 방치하게 만드는 법조계 카르텔을 가장 우려한다.

구체적인 사례를 보면 정치권력 카르텔의 폐해가 심각하다. 국회의원은 면책특권 등 수많은 특혜를 누리지만, 국가 경영이라는 고도의 전문직임에도 정년이나 자격 제도의 제한을 받지 않는다. 언론계는 여론을 조장하여 정치권력까지 좌우하려 하며, 때로는 사실을 조작해 권력의 시녀 노릇을 한다. 의료계 또한 원격 진료나 대체의학 도입을 극렬히 반대하며 자신들의 기득권 유지에 몰두하고 있다.

이러한 카르텔은 우리 사회에 심각한 문제를 야기한다.

첫째, '금수저-흙수저' 논란처럼 출발선이 달라져 사회적 이동성이 저하된다.

둘째, 자원과 권력이 특정 집단에 집중되어 불평등이 고착화된다.

셋째, 자신들의 이익에 반하는 개혁에 저항하여 사회 발전을 저해한다.

넷째, 불공정의 지속으로 인해 제도와 정의에 대한 국민의 신뢰가 상실된다.

이를 해소하기 위한 대책으로 필자는 **첫째, 제도적 개혁을 강조한다.** 공천 과정의 투명화와 정치자금 공개 등 정치 개혁, 재벌의 세습 경영 제한과 공정거래법 강화 등 경제 개혁, 그리고 공교육 강화를 통한 교육 개혁이 시급하다.

둘째, 사회적 감시가 필요하다. 언론은 유착을 끊고 공정한 감시자가 되어야 하며, 시민 사회는 참여 민주주의를 통해 권력 비판을 강화해야 한다.

셋째, 문화적 변화가 수반되어야 한다. 연고 중심의 인맥 문화를 탈피하고 능력과 성과 중심의 가치관을 확립해야 한다.

넷째, 기술과 혁신을 활용해야 한다. 디지털 플랫폼을 통한 투명 행정과 AI를 활용한 객관적 평가는 카르텔을 약화시키는 강력한 도구가 될 것이다.

기득권 카르텔은 국가 발전을 가로막는 거대한 장애물이다. 이를 해체하기 위한 제도적·문화적·기술적 노력이 병행될 때, 우리 사회는 비로소 진정한 선진 민주 국가로 도약할 수 있다. 공정과 투명성을 기본 가치로 삼아 세대 간 기회의 균등을 보장하는 사회가 되어야만 청년들에게 진정한 미래가 열릴 것이다.

07

금수저와 아빠 찬스의 별천지

> "국가의 수호자들은 개인의 사익을 위해
> 재산을 축적해서는 안 되며,
> 그들의 자녀도 특별한 대우를 받아서는 안 된다."
>
> — 플라톤(Plato)의 『국가론』 중에서 —

우리 사회는 높은 교육열을 바탕으로 사회적 이동의 사다리가 활발하게 작동하던 시기를 거쳐 왔다. 하지만 최근 계층 고착화 현상이 심화되면서 '아빠 찬스'와 '금수저'라는 단어가 일상적으로 쓰이고 있다. '아빠 찬스'는 부모의 사회적 지위나 인맥을 활용해 자녀에게 특혜를 제공하는 행위를 뜻하며, '금수저'는 태어날 때부터 부모의 부를 물려받아 유리한 출발선을 갖는 계층을 의미한다. 이러한 현상은 개인의 노력보다 부모의 배경이 성패를 결정한다는 인식을 강화하여 청년 세대의 박탈감과 사회적 분열을 초래하고 있다.

이 문제가 얼마나 심각한지 대선 때마다 후보들은 '공정'을 핵심 공약으로 내세운다. "기회는 공정하고 과정은 정의롭고 결과는 평등해야 한다"라는 슬로건이 등장한 것도 우리 사회의 불공정으로 인해 많은 국민이 피해를 보고 있음을 인식했기 때문이다. 이러한 폐단은 경제적 불평등을 넘어 사회 전반의 활력을 저해하는 수준에 이르렀다. 필자는 아빠 찬스와 금수저 현상의 실상을 분석하고 그 해결 방안을 모색하고자 한다.

아빠 찬스의 대표 사례로는 교수 자녀의 논문 저자 끼워 넣기, 채용 비리, 정·관계 인맥을 활용한 특혜, 해외 유학을 위한 과도한 지원 등이 있다. 금수저 현상 또한 주택 가격 급등과 사교육 양극화로 인해 부모의 경제력이 자녀의 교육, 주거, 결혼까지 좌우하는 형태로 나타난다. 통계청과 OECD 자료에 따르면 우리나라의 소득 계층 이동 가능성은 과거보다 낮아졌으며, '개천에서 용 나기'가 점점 어렵다는 인식이 확산되고 있다.

신뢰의 위기, 금수저 문화

구체적인 주요 사례는 다음과 같다.

첫째, 교수와 정치인 등 기득권층 자녀의 논문 등재 및 해외 인턴십 기회 제공이다. 특정 지역의 사교육 집중과 국제학교 진학은 교육 격차를 더욱 심화시켰다.

둘째, 공공기관과 대기업의 채용 비리이다. 임직원 친인척에게 가산점을 부여하거나 고위 임원 자녀를 특혜 채용하는 사례가 빈번하게 발생하였다.

셋째, 부모로부터의 편법 증여이다. 미성년자의 주식 보유나 부동산 증여 과정에서 발생하는 절세 편법은 부의 불평등한 세습을 가속화한다.

능력보다 배경이 중요한 사회는 청년들의 패배주의를 심화시킨다. 노력의 가치가 약화되고 '헬조선'과 같은 비관적 인식이 강화되면 계층 이동이 단절되어 사회적 활력이 떨어진다. 이는 장기적으로 국가 경제 성장에도 부정적인 영향을 미친다. 공정성 논란은 결국 사회 전반에 대한 불신으로 이어지게 된다.

이 문제를 해결하기 위해서는 다음과 같은 노력이 필요하다.

첫째, 제도의 투명성을 강화해야 한다. 입시에서 비교과 평가의 객관성을 높이고 블라인드 전형을 확대해야 한다. 채용 과정에서도 AI나 외부 위원 참여를 통해 인맥 개입을 원천 차단해야 한다. 또한 편법 증여 적발 시스템을 강화하여 부의 대물림을 억제해야 한다.

둘째, 교육 기회의 형평성을 제고해야 한다. 공교육 투자를 확대하여 사교육 의존도를 낮추고, 취약계층 학생에 대한 장학금과 주거 지원을 대폭 늘려야 한다. 맞춤형 학습 플랫폼 구축을 통해 교육 격차를 완화하는 것도 중요하다.

셋째, 사회적 인식을 전환해야 한다. 성공의 기준을 다양화하고 학벌이나 특정 직업 외의 삶을 존중하는 풍토를 조성해야 한다. 부모 세대의 과도한 스펙 경쟁 문화 역시 완화되어야 할 부분이다.

넷째, 청년 자산 형성을 지원해야 한다. 창업 지원과 금융 자산 형성 인센티브를 제공하고, 공공 주택의 우선 배정을 통해 주거 사다리를 마련해 주어야 한다.

아빠 찬스와 금수저 문제는 단순한 개인 윤리를 넘어 구조적 불평등과 신뢰의 위기이다. 공정성을 강화하고 기회를 균등화하는 것은 우리 사회의 미래를 위해 필수적인 과제이다. 청년들이 노력한 만큼 보상받는 환경을 구축하여 과거의 역동성을 되찾아야 한다. 돈과 배경이 아닌 정직한 노력이 존경받는 사회로 나아갈 때, 우리는 비로소 젊은 세대에게 희망을 돌려줄 수 있을 것이다.

08

진영과 자본에 종속된 언론

"정부 없는 신문과 신문 없는 정부 중
하나를 선택해야 한다면,
나는 망설임 없이 전자를 택하겠다."

– 토머스 제퍼슨(Thomas Jefferson) –

우리 언론은 정치적 진영 논리와 자본의 영향력 아래서 사회 공기로서의 기능을 제대로 수행하지 못한다는 비판에 직면해 있다. 이러한 현상은 언론 신뢰도 하락의 주요 원인이 되며 다양한 사회적 논쟁을 야기한다. 언론이 사회에 첫발을 내딛는 청년들에게 올바른 지침을 제공하지 못하면, 그들은 나침반을 잃은 배처럼 대양을 방황하게 된다.

언론은 민주주의 사회에서 여론 형성, 권력 감시, 정보 제공이라는 핵심 기능을 수행한다. 그러나 우리 언론은 오랜 기간 정치 및 자본 권력의 영향력 아래 놓여 있었다. 진영 논리에 따른 편파 보도와 광고주 및 재벌 의존 구조에서 기인한 상업주의적 편향이 끊이지 않고 있다. 이는 사회 갈등을 증폭시키고 국민의 신뢰를 약화시키는 요인이 된다. 필자는 언론의 진영·자본 종속 실태를 살펴보고 건강한 언론 생태계를 위한 대책을 제시하고자 한다.

우리 언론은 해방 이후 정권과 밀접한 관계를 맺으며 성장했다. 과거 정권의 선전 도구로 기능했던 역사를 지나, 민주화 이후에는 정권 친화적 언론과 비판적 언론으로 양분되는 진영 구도가 굳어졌다. 특정 매체들은 정치적 유불리에 따라 사건을 편향적으로 다루며 대중의 불신을 키웠다. 문제는 이러한 차별성이 비판적 균형을 위한 다양성이 아니라, 진영 편가르기의 도구로 활용된다는 점이다. 독자들은 자신이 선호하는 정보만 접하는 '필터 버블(Filter Bubble)'에 갇히고, 사회적 합의는 더욱 어려워지고 있다.

자본권력에 대한 종속도 심각하다. 언론사의 재정은 광고 수입에 크게 의존하며, 대기업 광고는 매체의 생존에 절대적 영향을 미친다. 이로 인해 언론은 재벌의 비리나 노동권 침해 등의 의제를 소홀히 다루는 경향이 있다. 또한 포털 사이트의 트래픽을 유도하기 위해 선정적이고 자극적인 기사를 양산하며 공익성보다 조회수를 우선시하고 있다.

언론이 특정 진영의 확성기 역할에 머물면서 사회적 갈등은

자유를 잃은 언론의 현주소

조정되기보다 증폭된다. 한국인의 언론 신뢰도가 OECD 국가 중 최하위권에 머무는 실정은 이를 방증한다. 언론이 권력을 감시하기보다 유착될 때 부패 감시 기능은 약화된다. 또한 기자들은 광고주의 압력과 클릭 경쟁 속에서 취재 윤리를 지키기 어렵고, 이는 저널리즘의 수준 저하로 이어진다.

특히 기자의 임금체계 문제는 언론 고유의 기능을 발휘하기 어렵게 만든다. 대형 매체를 제외한 상당수 매체에서 기자의 급여는 생계를 유지하기에 부족한 수준이거나 아예 공식 보수 체계가 없는 언론사도 존재한다. 합당한 보상이 따르지 않는 환경에서 기자는 외부의 경제적 유혹에 취약해질 수밖에 없으며, 이는 기사 거래나 광고성 기사 작성 등 언론 윤리를 저해하는 행위로 번질 위험을 내포한다. 생계유지가 어려운 임금체계로 공정한 보도를 요구하는 것은 연목구어 격이다. 기자 임금 체계는 사회 대개혁 차원에서 심도 있게 다루어야 할 과제다.

진영과 자본에 종속된 언론의 문제를 개선하기 위해 필자는 다음과 같은 개혁 방안을 제시한다.

첫째, 언론의 독립성을 강화해야 한다. 사주와 경영진으로부터 편집국의 독립을 보장하는 제도를 마련하고, 공영방송 거버넌스 개혁을 통해 정치권의 개입을 줄여야 한다.

둘째, 광고 및 재원 구조를 혁신해야 한다. 광고 집행 내역을 공개하여 투명성을 확보하고, 양질의 콘텐츠를 바탕으로 한 구독료 중심의 수익 모델로 전환해야 한다.

셋째, 포털 뉴스를 개혁해야 한다. 뉴스 배열 알고리즘의 투명성을 높이고 팩트 체크 시스템을 강화하여 허위 정보 확산에 신속히 대응해야 한다.

넷째, 저널리즘 교육을 강화해야 한다. 기자와 편집자의 윤리 교육을 정례화하고 탐사 보도 및 공익 보도에 대한 지원을 확대해야 한다.

다섯째, 시민 참여형 언론 감시를 강화해야 한다. 옴부즈만 제도를 활성화하고 시민이 직접 보도의 공정성을 평가하는 시스템을 구축해야 한다.

여섯째, 기자의 '표준 임금 가이드라인'을 제도화해야 한다.

정확한 정보를 생산하기 위한 사회적 비용으로서 정당한 보상이 담보될 때, 기자는 외부의 유혹으로부터 독립하여 진실을 보도할 수 있다.

공정하고 투명한 언론

우리 언론은 민주주의 발전에 기여해 왔으나 여전히 종속적인 한계에 갇혀 있다. 건강한 언론은 권력 감시와 공론장 기능을 충실히 수행해야 하며, 이를 통해 사회 통합과 민주주의 발전에 기여할 수 있다. 언론이 진영과 자본의 덫에서 벗어나 시민의 올바른 등대가 되기를 기대한다.

09

아직도 잔존하는 정경유착

"권력은 부패하기 마련이며,
절대 권력은 절대적으로 부패한다."

— 악튼 경(Lord Acton) —

정경유착(政經癒着)은 정치권력과 경제 권력이 부당하게 결탁하여 공정한 시장 질서와 민주주의 가치를 훼손하는 현상을 말한다. 한국 현대사에서 정경유착은 경제 발전 과정과 밀접하게 얽혀 있으며, 특히 압축 성장 시기 정부 주도의 경제 정책과 대기업 중심의 산업 구조 속에서 고착화되었다. 이는 특정 기업에 특혜를 제공하고 그 대가로 정치 자금을 수수하는 불공정 거래를 야기하며 국민의 신뢰를 저하시켰다. 또한 이러한 관행은 투명한 경쟁을 저해하고 궁극적으로 국가 경쟁력을 약화시키는 핵심 요인으로 지목되어 왔다.

우리나라의 정경유착은 해방 이후부터 시작되어 독재 정권

시절에 절정에 달했다. 이승만 정권의 '삼백(三白) 산업' 특혜, 박정희 정권의 특정 대기업에 대한 행정적 지원, 전두환 정권의 '일해재단'과 같은 비자금 조성 등이 전형적인 사례이다. 당시 정부는 경제 개발이라는 명목 아래 재벌을 육성하고, 재벌은 정부의 비호 속에 급성장하며 권력 유지에 필요한 정치 자금을 제공하였다.

민주화 이후 정경유착은 사라진 것이 아니라 보다 은밀하고 복잡한 형태로 진화하였다. 과거의 직접적인 뇌물 방식에서 벗어나 현재는 기업의 고위직 출신 영입(관피아), 공공사업 입찰 특혜, 특정 규제 완화를 위한 로비, 재단을 통한 우회 지원, 후원 등으로 변모하였다. 이 외에도 광고 집행이나 컨설팅 계약 등을 통해 정치권에 자금을 제공하기도 한다.

구조적 모순, 정경유착

이러한 정경유착의 폐해는 매우 심각하다.

첫째, 공정한 시장 경쟁을 훼손한다. 특혜를 받은 기업은 혁신 없이도 이윤을 창출할 수 있어 시장의 활력을 떨어뜨린다.

둘째, 사회적 불평등을 심화시킨다. 소수의 기업이 부를 독점하는 사이 다수의 중소기업과 일반 국민은 공정한 기회를 박탈당한다.

셋째, 민주주의의 근간을 흔든다. 돈과 권력이 정책 결정을 좌우하면 국민의 목소리는 소외되고 정치 불신과 사회적 갈등이 유발된다.

정경유착을 근절하기 위해 필자는 다음과 같은 다각적인 해결책을 제시한다.

첫째, 제도적 개혁과 투명성 강화이다. 정치 자금법을 강화하여 기업의 후원을 엄격히 제한하고 내역을 투명하게 공개해야 한다. 또한 로비스트 등록제를 도입하여 기업의 대정부 활동을 양성화하고 음성적 거래를 차단해야 한다. 퇴직 공직자의 취업 제한 기간과 범위를 확대하는 등 '관피아' 방지책도 필수적이다.

둘째, 사법 시스템의 독립성 확보와 엄정한 법 집행이다. 수사기관과 법원이 권력으로부터 독립하여 정치인이나 재벌 총수에게도 예외 없는 법을 집행해야 한다. 중대 경제 범죄에 대해 징벌적 손해배상 제도를 도입하여 부당 이득을 원천 차단하고, 내부 고발자에 대한 보호와 포상 시스템을 강화해야 한다.

셋째, 시민 사회의 역할 증대와 기업의 윤리 의식 제고이다. 언론은 자본으로부터 독립하여 정경유착 실태를 공론화해야 하며, 시민 단체는 기업 지배 구조와 불공정 거래를 상시 감시해야 한다. 기업 스스로도 단기 이익보다 장기적 신뢰를 중시하는 투명 경영 문화를 정착시켜야 한다.

정경유착은 단순한 일탈이 아니라 구조적 모순이 집약된 병폐이다. 이를 해결하기 위해서는 정부, 기업, 시민 사회의 삼박자가 조화를 이루어야 한다. 지식 정보의 발전으로 우리 사회의 투명성은 날로 향상되고 있다. 이제는 오랜 관행인 정경유착의 고리를 말끔히 정리하여, 세계적으로 높아진 우리나라의 위상에 오점이 되지 않도록 해야 할 것이다.

10

국가 경쟁력의 걸림돌, 공직 복지부동

"위정자는 마땅히 백성의 고통을
자신의 고통으로 여겨야 한다."

– 맹자(孟子)의 경계 –

'복지부동(伏地不動)'은 공직자가 안위만을 추구하며 소신 있는 업무 추진을 회피하는 태도를 의미한다. 우리 공직 사회에서는 오랜 관료주의와 경직된 조직 문화 속에 이러한 현상이 고착되었다. 이는 공공 서비스의 질을 저하시키고 정책 효율성을 떨어뜨리며, 궁극적으로 국민의 신뢰를 잃게 만드는 심각한 문제이다. 복지부동은 단순히 일을 하지 않는 상태를 넘어, 변화와 혁신을 가로막는 뿌리 깊은 병폐이다. 필자는 공직 사회의 복지부동 실태를 진단하고 이를 극복하기 위한 근본적인 해결책을 모색하고자 한다.

우리 공직 사회의 복지부동은 다양한 형태로 나타난다. 가장 흔한 양상은 '책임 회피'이다. 민감한 사안의 결정을 미루고 책임을 떠넘기거나, 규정과 절차만을 내세워 소극적으로 대응하는 행태가 만연하다. 또한 새로운 시도보다 과거의 방식만을 고수하는 '선례 답습'도 창의적인 아이디어를 억누르는 주요 원인이다. 이러한 풍토가 형성된 배경에는 여러 구조적·문화적 요인이 작용하고 있다.

첫째, 과도한 책임 추궁 문화이다. 실패에 대한 관용이 부족하고 작은 실수에도 가혹한 징계나 비난이 뒤따르기에 공무원들은 적극적으로 나서기보다 몸을 사리게 된다. 특히 2014년 방위사업 비리 수사 당시 정상적인 정책 추진 과정에 '배임죄'를 적용한 사례는 공직 사회를 더욱 경직시켰다. 통계적으로도 우리나라는 선진국에 비해 배임죄 처벌 건수가 훨씬 많아 복지부동을 심화시키는 결과를 초래하였다.

사라져야 할 관행, 복지부동

둘째, 경직된 인사 시스템이다. 성과보다 근속 연수나 상사의 눈치, 조직 내 인맥이 승진에 더 큰 영향을 미친다는 인식이 팽배하다. 성과 중심의 평가 제도가 정착되지 않은 점도 이러한 풍토를 용인하는 배경이 된다.

셋째, 잦은 순환 보직이다. 한 분야의 전문성을 쌓기 전 부서를 이동하다 보니 업무에 대한 깊은 이해나 주인의식을 갖기 어렵고, 이는 책임감 부재로 이어진다.

넷째, 규제 중심의 행정 문화이다. 공무원들은 국민 편익보다 법규 준수에만 매몰되어 있다. 특히 각종 법령의 "~을 할 수 있다"는 임의 조항은 공무원에게 결정권을 부여하여, 마음만 먹으면 업무를 거부해도 문제가 되지 않는 구조를 만든다.

이러한 실상을 해결하기 위해 필자는 다음과 같은 대책을 제시한다.

첫째, 책임 회피를 방지하는 제도적 장치를 마련해야 한다. 적극적으로 업무를 처리하다 발생한 경미한 실책에 대해서는 면책을 확대하고 포상하는 제도가 필요하다. 특히 중대한 비리가 아닌 이상 적극 행정 추진 과정에서의 '배임죄' 적용은 제외해야 한다. 또한 법규상의 "~을 할 수 있다"는 표현을 "~을 해야 한다" 또는 "~을 해서는 안 된다"로 명확히 고쳐 공무원이 소신껏 일할 수 있는 심리적 안전망을 구축해야 한다. 아울러 '네거티브 규제(법에 금지된 것 외에 모두 허용)' 방식을 도입하여 창의적인 행정을 유도해야 한다.

둘째, 성과와 전문성을 중시하는 인사 시스템을 구축해야 한다. 연공서열을 탈피하여 업무 성과 중심으로 공정하게 보상해야 한다. 특정 분야의 전문성이 필요한 직위는 장기 근무를 보장하여 책임감과 주인의식을 높여야 한다.

셋째, 조직 문화를 개선해야 한다. 상명하복식 문화를 탈피하여 자유로운 의견 교환이 가능한 분위기를 조성하고, 실패를 징벌이 아닌 성장의 기회로 여기는 인식을 확산시켜야 한다.

넷째, 국민 참여와 외부 감시 시스템을 강화해야 한다. 정책 결정 과정에 국민의 목소리를 직접 반영하고, 소극 행정에 대해 쉽게 고발하고 해결을 요구할 수 있는 독립적인 옴부즈만 제도와 내부 공익신고 제도를 활성화해야 한다.

종합하면 복지부동의 풍토는 공무원과 국민 모두에게 손해를 끼치는 악순환을 낳는다. 공직 사회의 변화는 구호가 아닌 제도와 문화의 근본적인 혁신이 병행될 때 가능하다. 국민을 위해 위험을 감수한 공직자에게는 면책을 넘어 확실한 보상을 주는 시스템이 구축되어야 한다. 공무원이 책임 회피가 아닌 문제 해결로 인정받을 때 비로소 '적극 행정'이 정착될 것이며, 이는 국가 경쟁력 강화의 필수 과제가 될 수 있다.

11

'유전무죄, 무전유죄' 사회

"법은 강자의 이익을 위해 존재한다."

− 플라톤(Plato) −

'유전무죄 무전유죄'는 재력이 있는 사람은 처벌을 면하거나 가벼운 벌을 받는 반면, 가난한 사람은 사소한 죄에도 엄격한 처벌을 받는 우리 사회의 구조적 불평등을 비판하는 말이다. 1980년대 대중의 분노에서 비롯된 이 개념은 오늘날 권력의 불평등까지 포괄하는 '유권무죄 무권유죄'로 확장되었다. 이는 법치주의와 평등의 원칙을 훼손하며 사법부에 대한 신뢰를 무너뜨리는 심각한 문제이다. 필자는 이러한 불평등의 실상을 분석하고 그 해결책을 살펴보고자 한다.

'유전무죄'의 대표적 사례는 재벌과 고위층 범죄에 대한 사법적 관용이다. 국정농단 사건 등에 연루된 유력 인사들이 뇌물 공여 등의 혐의에도 불구하고 집행유예나 감형을 거쳐 사회로 복귀하는 모습은 흔히 목격된다. 반면 같은 시기 생계형 범죄를 저지른 서민들은 실형을 선고받는 경우가 많다. 경제적 자원이 풍부한 이들은 고액 변호인을 선임해 치밀한 법적 대응을 구사하지만, 저소득층은 법적 지식 부족과 열악한 방어권으로 인해 불리한 처우를 받는다.

국민적 절망 '유전무죄, 무전유죄'

반대로 '무전유죄'는 빈곤이 범죄 노출 가능성을 높이고 형사 절차에서 불리한 조건으로 작용하는 구조적 문제이다. 고소득층이 전략적 대응을 할 때 저소득층은 업무가 과중한 국선변호인에게 의존할 수밖에 없다. 또한 벌금형의 경우 고소득자에게는 미미한 타격이지만 저소득자에게는 생존의 위협이 되며, 벌금을 내지 못해 구금되는 '노역장 유치' 제도는 형평성 논란을 유발한다. 이는 결국 '빈곤-범죄-처벌-빈곤'으로 이어지는 악순환을 고착시킨다.

'유권무죄 무권유죄' 현상도 심각하다. 과거 지강헌 사건의 '유전무죄'에서 파생된 표현으로 특정인이나 정치인의 부패수사가 지연되거나 솜방망이 처벌이 국민의 분노를 유발하고 있으며, 때로는 정적 제거의 도구로 악용되기도 했다.

이러한 현상이 지속되는 배경에는 사법 엘리트들의 사회적 배경이 유력자들과 동질성을 갖는다는 점과, 형사 정책이 재활보다 처벌에 치중되어 있다는 점 등이 있다. 이를 해결하기 위해 필자는 사법부 개혁의 일환으로 다음과 같은 조치를 제안한다.

첫째, 공공 변호 시스템의 강화이다. 저소득층의 방어권을 실질적으로 보장하기 위해 국선변호인의 처우를 현실화하고 인력을 대폭 확충해야 한다. 또한 공익변호사 제도를 확대하여 유능한 인재들이 공공 영역에서 활동할 수 있는 환경을 조성해야 한다.

둘째, 판결의 투명성과 시민 감시를 강화해야 한다. 사법부의 독단을 막기 위해 미국식 배심원제나 독일식 참심원 제도와 같은 시민 참여형 재판을 확대해야 한다. 아울러 판결문 공개

를 확대하고 법관 인사 시스템에 외부 평가를 도입하여 책임성
을 확보해야 한다.

셋째, 형평성을 고려한 형벌 제도의 개편이다. 벌금형에 '소
득비례 벌금제'를 도입하여 경제적 수준에 따른 실질적 공정을
기해야 한다. 생계형 범죄자에 대해서는 구금보다 사회 복귀와
재활 중심의 대안적 처벌을 우선시하여 빈곤의 악순환을 끊어
야 한다.

넷째, 사법 엘리트의 다양성 보장이다. 법조인 선발 과정에
서 사회적 배려 대상자의 비중을 늘려 다양한 배경을 가진 인
재를 양성해야 한다. 이는 장기적으로 사법 판단의 공정성과
사회적 대표성을 높이는 데 기여할 것이다.

미국 배심원단의 심리 모습

'유전무죄·무전유죄와 유권무죄·무권유죄'는 법이라는 최후의 정의 수단이 계층에 따라 다르게 작동한다는 국민적 절망의 표현이다. 진정한 사법 정의는 법률이 텍스트를 넘어 현실에서도 모든 시민에게 동등하게 작용할 때 완성된다. 따라서 사법 기관의 개선을 넘어 교육, 복지 등 사회 전반의 평등 수준을 함께 높여야 한다. 사법 불평등이 과거의 유산으로 남도록 만드는 것이 지금 우리 사회의 절박한 개혁 과제이다.

역사적 사건에 대한 올바른 인식

반복되는 실수의 경계

"역사를 잊는 민족에게는 미래가 없다."
– 단재 신채호 –

역사적 사건은 과거의 기록에 그치지 않고 현대 사회에 중요한 교훈을 남긴다.
과거를 제대로 이해하지 못하면 현재의 문제를 진단할 수 없으며, 미래를 향한 올바른 방향 설정도 불가능하다.
따라서 역사를 탐구하는 것은 현재를 성찰하고 내일을 준비하는 필수적인 과정이다.

"역사는 반복된다"라는 말이 있듯, 어제의 과오는 오늘의 현상으로 다시 나타나곤 한다.
우리는 지난 역사를 거울삼아 실수를 되풀이하지 말아야 하며, 바른 선택으로 위기를 사전에 방지하는 지혜를 발휘해야 한다.
그리기 위해서는 역사적 사건의 본질을 정확히 꿰뚫어 보아야 한다.

필자는 본 장에서 다음의 세 가지 방향을 제시하고자 한다.
첫째, 비극적 역사로부터 교훈을 얻어 같은 실수를 예방하기 위한 대책을 강구해야 한다.
둘째, 역사적 진실을 밝히려는 노력을 통해 사회적 통합의 밑거름을 마련해야 한다.

셋째, 아픈 역사를 직시함으로써 진정한 국가 자립을 위한 정책을 모색해야 한다.

비극의 역사를 끊어내는 첫걸음은 '역사적 진실'을 외면하지 않고 있는 그대로 마주하는 것이다.
필자는 우리가 과거를 정직하게 성찰할 때 비로소 더 나은 미래로 나아갈 수 있다고 믿는다.

01

수난의 외침에 대한 1차적 책임 소재

**"과거를 기억하지 못하는 자들은
과거를 되풀이하기 마련이다."**

― 조지 산타야나(George Santayana) ―

우리 민족은 지난 5천 년의 역사 속에서 931회에 달하는 크고 작은 외침을 겪었다. 이는 평균 5년에 한 차례꼴로 침략을 받은 셈이다. 특히 고려시대 이후 거란의 3차 침입, 7차례의 몽골 침입, 임진왜란, 병자호란, 그리고 근대 열강에 의한 주권 유린과 6·25 전쟁 등 민족의 생사를 가른 결정적인 외침만도 30여 회에 이른다. 이 과정에서 한반도는 청일전쟁과 러일전쟁의 전장이 되었고, 일제 치하에서는 수많은 젊은이가 전쟁터의 소모품으로 희생되는 아픔을 겪었다.

그뿐만 아니라 고려시대 이후 매년 수많은 처녀를 공녀로 중국에 바쳐야 했으며, 태평양 전쟁 시에는 30만 명의 여성이 정신대로 끌려가 타국 땅에서 조국을 원망하며 죽어갔다. 해방 이후에도 시련은 멈추지 않아 1950년 북한의 기습 남침으로 5백만 명의 인명 손실과 1천만 명의 이산가족이 발생했으며 전 국토의 생산 기반이 유린당했다. 필자는 이러한 비극적 역사 중에서 국가가 풍전등화의 위기에 놓였던 사건들을 재조명하여, 당시 위정자들의 무능과 잘못된 판단이 초래한 1차적 책임을 묻고자 한다.

삼전도의 굴욕

국가적 위기였던 주요 사건들은 외세의 침략이라는 결과론적 측면을 넘어 통치자들의 책임이 복합적으로 작용한 참사였다.

첫째, 임진왜란은 조선 위정자들의 안일한 외교와 군사 정책이 초래한 참사이다. 침략 징후가 명확했음에도 조정은 동인과

서인으로 나뉘어 당쟁에 몰두하며 안보 대비를 소홀히 했다. 서인 황윤길의 경고를 동인 김성일이 무시한 오판은 전쟁 초기 대참사로 이어졌으며, 국왕 선조는 한양을 버리고 피난을 떠나는 무책임한 행태를 보였다.

둘째, 병자호란은 명분만을 중시하고 현실을 외면한 외교 정책의 실패이다. 청나라의 급격한 성장을 인정하지 않고 주화파와 주전파로 나뉘어 공론만 일삼던 조정은 결국 인조가 남한산성에서 굴욕적인 항복을 하게 만들었다. 임진왜란을 겪고도 국방 대비를 소홀히 한 위정자들의 무능이 근본 원인이었다.

1905년 을사늑약 체결 재현 모습

셋째, 구한말은 시대의 흐름을 읽지 못한 통치층의 총체적 무능이 국가의 멸망을 초래한 시기이다. 대원군의 쇄국정책으로 근대화의 기회를 놓쳤고, 고종과 민비는 사리사욕과 권력

다툼 속에 외세에 의존하는 굴욕적인 외교를 펼쳤다. 이러한 자주적 국방력 강화의 부재는 결국 식민 통치라는 비극으로 이어졌다.

넷째, 6·25 전쟁은 대한민국 정부의 안보 불감증과 통치력 부재를 여실히 드러냈다. 남침 징후를 간과한 채 군 병력의 상당수가 휴가를 떠나 국방력이 약화된 상태에서 전쟁을 맞았고, 이승만 대통령은 국민에게 제대로 된 지시 없이 서울을 떠나 한강 다리를 폭파함으로써 무고한 피난민들을 희생시켰다.

6·25전쟁으로 파괴된 한강철교를 건너는 피난민들

이러한 수난의 공통점은 내부적 갈등에 있었다. 당파 싸움과 권력 투쟁이 극단화되었을 때 이는 망국의 지름길이 되었다. 여기에 중간 관리들의 부정부패와 하급 관료의 안일한 태도가 더해져 국력을 쇠약하게 만들었다. 우리는 침략국에 대한 민족적 감정에 앞서 우리 내부의 무능을 냉철하게 인식해야 한다. 김성곤 교수는 나라를 빼앗기고 백성을 타국으로 떠나보낸 무능한 정치가들이 그 비참한 삶에 대해 아무도 책임지지 않았음을 날카롭게 지적한 바 있다.

우리의 역사 교육은 침략국에 대한 증오를 각인시키는 데는 성공했으나, 안보 책임자인 위정자들의 무능과 안보 불감증을 반성하는 교육에는 소홀했다. 위정자들의 행태를 제대로 지적하고 반성했다면 똑같은 비극은 반복되지 않았을 것이다.『징비록』외에 국정 파탄을 회개하는 반성문을 남긴 위정자가 없다는 사실은 우리에게 큰 시사점을 준다.

현재의 정치권 역시 국익보다 당리당략을 우선하는 행태를 반복하고 있다. 주권이 국민에게 있는 민주공화국에서 국민의 의식 수준은 갈수록 높아지고 있다. 다시는 비극의 역사가 반복되지 않도록 국민 모두가 정치권력을 엄격히 감시하고 확고한 안보 태세가 유지되도록 주권을 행사해야 한다. 역사의 교훈을 망각하면 비극은 되풀이된다는 사실을 명심해야 할 것이다.

02

대형 안전사고는 누구의 책임인가

"권력은 부패하는 경향이 있으며,
절대 권력은 절대적으로 부패한다."

― 존 액튼(John Acton) ―

성수대교, 삼풍백화점, 세월호 등 우리 사회의 대형 참사들은 단순한 기술적 결함이나 개인의 실수가 아니다. 이는 우리 사회에 뿌리 깊게 박힌 구조적 문제들이 복합적으로 작용한 결과이다. 이러한 비극의 이면에는 적당주의, 불공정 하도급 관행, 부정부패가 자리 잡고 있으며, 이는 안전보다 이윤을 우선시하는 풍토를 만들었다. 대형 사고의 공통점은 언제나 편의와 효율을 위해 안전수칙이 무시되었다는 점이다.

성수대교 붕괴 당시 시공 단계의 부실 용접과 부품 사용이 확인되었고, 유지보수 역시 육안 점검에 그치는 등 형식적 관리에 머물렀다. 이는 '이 정도면 괜찮겠지'라는 안전 불감증과 적

성수대교 붕괴 현장

당주의가 만연했음을 보여준다. 삼풍백화점 또한 주거용 설계를 무리하게 상업용으로 변경하고 불법 증축을 감행하였다. 경영진은 붕괴 징후를 무시하고 영업을 강행하는 무책임한 결정을 내렸는데, 이는 이윤을 위해 생명을 등한시한 극단적 사례이다. 세월호 참사 역시 선박 증축으로 복원력을 상실했음에도 과적을 일삼았고 출항 전 보고 규정도 어겼다. 이러한 안일한 태도는 곧 대형 참사의 직접적인 원인이 되었다.

우리나라 건설업계의 고질적인 다단계 하도급 관행은 또 다른 근본 원인이다. 원청업체가 공사를 수주한 후 여러 단계의 하도급을 거치며 공사비가 삭감되고, 결국 최저가의 재료와 인력이 투입되는 구조이다.

첫째, 성수대교는 부실시공의 전형으로, 공사비 절감을 위해 규격에 맞지 않는 자재를 사용한 사실이 밝혀졌다.

둘째, 삼풍백화점 역시 하도급 업체의 부실 공사가 건물의 안전성을 크게 저하시켰다. 하도급 업체에 대한 비용 '후려치기'는 부실공사를 유발하고 참사를 불러오는 악순환의 고리가 된다.

셋째, 세월호는 과적과 무리한 증축, 출항 규정 위반, 조타 미숙과 화물 고정 불량으로 인한 복원력이 주원인이었다.

대형 사고는 권력과 자본이 결탁한 부정부패와도 깊은 연관이 있다. 성수대교는 관리 공무원들의 감찰 태만이 있었고, 삼풍백화점은 불법 증축 과정에서 뇌물이 오갔다. 세월호 사건은 '관피아(관료+마피아)'로 불리는 구조적 비리를 여실히 드러냈다. 해운업계와 감독 기관의 유착은 안전성 검사 무력화로 이어졌다. 당시 건설업계에서는 공사비의 상당 부분이 수주와 규제 완화를 위한 로비 자금, 즉 '블랙머니'로 유입된다는 말이 돌 정도였다. 공사에 투입되어야 할 비용이 부정한 곳으로 흐르면서 현장은 부실해질 수밖에 없었다.

세월호의 근본적인 책임 소재에 대해 필자는 우리 국민 모두에게 책임이 있다고 생각한다. 여론은 선장에게 모든 비난을 쏟아부었으나, 정작 선장이 왜 일용직에 가까운 계약직으로 전락했는지에 대해서는 주목하지 않았다. 서양에서 선장은 절대적 권한과 무한 책임을 지지만, 우리 사회는 최저임금 수준의 대우를 받는 선장에게 배와 운명을 같이하라고 요구했다. 또한 인허가 당국의 묵인 아래 이루어진 선박 개조와 현장의 잘못된 관행을 방치한 정치권 역시 책임에서 자유롭지 못하다. 혹여 세월호의 수익이 블랙머니가 되어 권력층으로 흘러간 것은 아닌지 냉철하게 짚어보아야 한다.

세월호 침몰 장면

우리 사회의 대형 사고들은 적당주의, 경제적 악습, 부패가 결합된 총체적 결과이다. 고 김수환 추기경의 '내 탓이요'라는 가르침처럼, 우리는 이 참사들을 타인의 잘못으로만 치부해서는 안 된다. 건설 현장의 부조리 카르텔과 사회 전반에 퍼진 안일한 풍조에 대해 우리 모두의 책임임을 인정하고 반성해야 한다. 의식과 관행, 그리고 제도적 문제를 근본적으로 혁신해 나갈 때 비로소 안전하고 희망적인 미래를 내다볼 수 있을 것이다.

03

'흰 코끼리'는 누가, 왜 만들었나

"가장 비생산적인 것은,
애초에 해서는 안 되는 일을 효율적으로 하는 것이다."

— 피터 드러커(Peter Drucker) —

정치적 논리나 지역 이기주의로 추진된 국책 사업은 미래에 심각한 문제를 야기하는 '흰 코끼리(White Elephant)'가 될 가능성이 높다. '흰 코끼리'는 고대 태국 왕들이 신성하게 받들었던 동물이다. 왕은 눈엣가시 같은 신하에게 흰 코끼리를 선물하곤 했는데, 신하의 입장에서는 이를 죽게 하면 왕권 도전으로 간주되어 엄벌을 받았기에 정성껏 키울 수밖에 없었다. 문제는 코끼리의 엄청난 먹성 때문에 결국 신하가 재정적 파탄에 이르게 된다는 점이다. 이처럼 겉은 화려하지만 유지비만 많이 드는 애물단지를 우리는 '흰 코끼리'라 부른다.

부작용의 총체, 흰 코끼리

‘흰 코끼리’ 국책 사업은 주로 선거를 앞둔 정치인들의 포퓰리즘 공약이나 정권의 치적 쌓기를 목적으로 추진된다. 이 과정에서 장기적인 경제성이나 실효성에 대한 검토는 뒷전으로 밀려나기 일쑤이다. 객관적인 분석 없이 정치적 이해관계에 따라 예비타당성 조사가 면제되거나 졸속으로 통과되는 경우가 흔하며 다음과 같은 대표적 사례에서 문제의 심각성을 인식할 수 있다.

첫째, 4대강 사업은 22조 원 이상의 막대한 예산이 투입되었으나 환경 문제와 낮은 활용도로 인해 ‘세계 10대 애물단지’로 선정되는 불명예를 안았다. 부작용이 명백함에도 실패의 책임을 회피하려는 정치적 계산 때문에 사업을 중단하지 못하고 예산을 계속 투입하는 악순환이 발생하였다.

둘째, 양양공항은 개항 초기 '가장 조용한 공항'이라 불릴 만큼 이용객이 적어 막대한 적자를 기록했다. 이는 지역 주민의 요구와 정치적 이해관계가 결합하여 경제성을 무시하고 추진된 전형적인 사례이다. 지역 이득을 위해 무분별하게 시설을 유치하려는 핌피(PIMFY) 현상은 불필요한 경쟁과 사회적 비용만을 증가시킨다.

텅 빈 양양 공항 대합실 전경

이러한 사업들은 결국 세금 낭비로 이어져 국민의 부담을 가중시키고 정부에 대한 신뢰를 무너뜨린다. 투명하고 효율적이지 못한 예산 집행은 민주주의의 근간인 참여와 신뢰를 훼손하며, 막대한 부채를 남겨 미래 세대에 그 짐을 전가한다는 점에서 사회적 해악이 심각하다.

필자는 혈세를 낭비하는 '흰 코끼리' 사업을 예방하기 위해 다음과 같은 제도적 개선을 제안한다.

첫째, 국가재정법상 '예비타당성 조사'를 반드시 이행하도록 제도를 엄격히 개선해야 한다. 정치적 외압에 의한 면제 조항을 최소화하여 객관적인 검증을 강화해야 한다.

둘째, 대형 국책 사업은 반드시 '국민 공청회'를 거치도록 법제화해야 한다. 시민 참여를 통한 숙의 과정을 거쳐 사업의 타당성을 확보해야 한다.

셋째, 의사결정자의 '사후 책임제'를 도입해야 한다. 사업 추진 당시의 결정권자가 사후에 발생하는 문제에 대해 무한 책임을 지게 함으로써 신중한 결정을 유도해야 한다.

결론적으로 '흰 코끼리' 사업은 정치적 이익과 지역 이기주의가 결합하여 낳은 부작용의 총체이다. 이를 극복하기 위해서는 투명한 의사결정 시스템을 구축하고 시민 참여를 강화해야 한다. 무엇보다 권력의 독단적인 횡포를 막고, 잘못된 결정에 대해 반드시 책임을 묻는 제도적 장치를 강구하여 더 이상 국민의 소중한 혈세가 낭비되지 않도록 해야 할 것이다.

Chapter 4
다시 태어난다면
이렇게 살고 싶다

"지식은 말하지만, 지혜는 듣는다."
– 지미 헨드릭스(Jimi Hendrix) –

필자는 평생의 체험을 바탕으로 독자들이 더 나은 삶을 영위하도록 돕는 '등대'가 되고자 이 장을 집필하였다.
필자의 경험이 여러분의 항로를 밝히는 이정표가 되기를 바란다.

농사의 진화와 인생의 기법

인류 농업은 기술 진보에 따라 네 단계로 도약해 왔다.

- **화전 농업**: 불을 이용한 원시 경작
- **정착 농경**: 우경과 윤작을 통한 생산성 혁명
- **근대 농업**: 기계화를 통한 대량 생산
- **스마트 농업**: ICT와 AI가 결합한 지능형 농법

농사의 진화처럼 삶의 기법 또한 시대에 맞춰 진보해야 한다.
낡은 관행에 머문 인생은 변화의 속도를 결코 앞지를 수 없다.

필자는 묻는다.
"나는 지금 효율이 접목된 '스마트 농법'의 인생을 살고 있는가?"
아니면 "여전히 비효율의 과거에 머물러 있는가?"

삶의 방식을 끊임없이 진화시킬 때, 비로소 거친 인생의 바다를 돌파할 동력을 얻을 것이다.

인생도 정보전

폭넓은 독서를 통한 간접경험

**"좋은 책을 읽는 것은
과거의 가장 훌륭한 사람들과 대화하는 것이다."**

― 르네 데카르트(René Descartes) ―

2,500여 년 전 공자는 『논어』 첫머리에서 "배우고 익히면 또한 즐겁지 아니한가"라며 평생 학습의 중요성을 강조하였다. 성공적인 삶과 성장을 위해 독서를 통한 간접경험은 필수적이다. 한 개인이 직접 체험할 수 있는 총량은 제한적이지만, 독서는 저자의 지식과 가치관을 전해주며 우리를 새로운 시공간으로 인도한다. 필자는 독서가 갖는 간접경험의 가치와 구체적인 실천 방안을 살펴보고자 한다.

독서는 시공간의 제약을 넘어선다. 톨스토이를 읽으며 러시아 농민의 삶을, 정약용을 읽으며 조선의 민생을 체험할 수 있다. 도스토옙스키의 『죄와 벌』은 인간의 내적 갈등을, 헤밍웨이

간접경험의 강력한 도구 '독서'

의『노인과 바다』는 불굴의 도전정신을 간접 경험하게 한다. 또한『난중일기』를 통해 이순신 제독의 고뇌를 이해하고,『총, 균, 쇠』를 통해 인류 문명의 발전사를 통찰할 수 있다. 링컨이나 국내 독립운동가들 역시 독서를 통해 민족적 자각과 리더십의 자양분을 얻었다.

젊은 시절 링컨의 독서 모습

물론 독서가 직접 체험을 완전히 대체할 수는 없다. 에베레스트 등반기를 읽는 것과 실제 등반은 차원이 다르기 때문이다. 또한 저자의 편향된 시각에 매몰되지 않도록 비판적 수용 태도도 견지해야 한다. 그럼에도 독서는 타인의 삶을 이해하고 사회적 상상력을 기르는 교육의 핵심 도구이자 평생 학습의 근간이다.

필자는 일상에서 독서를 생활화하기 위한 다섯 가지 비법을 제안한다.

첫째, '30분 독서' 원칙을 세운다. 과한 목표보다 출퇴근 시간이나 잠들기 전 30분씩 꾸준히 읽는 습관이 1년 뒤 놀라운 변화를 만든다.

둘째, 책과 친해지는 환경을 만든다. 손 닿는 곳마다 책을 두어 스마트폰 대신 책을 집어 드는 환경을 조성해야 한다.

셋째, 흥미 있는 분야부터 시작한다. 의무감에 어려운 책을 들기보다 관심 있는 주제를 골라 독서의 즐거움을 먼저 느껴야 한다.

넷째, 완독의 압박에서 벗어난다. 재미없는 책은 과감히 덮고 다른 책으로 넘어가는 용기가 필요하다. 책은 도구일 뿐이다.

다섯째, 기록하고 공유한다. 인상 깊은 구절을 메모하거나 SNS에 정리하면 이해가 깊어지고, 독서 모임을 통해 사고를 확장할 수 있다.

필자 역시 최근 저명한 고전 완독이라는 목표를 세워 성과를 거둔 바 있다. 다양한 직종을 거치며 소홀했던 내면을 채우기 위해 서울도서관 대출 시스템을 활용하였다. 2주마다 3~4권의 고전을 빌려 반납하는 '강제적 연결고리'를 만든 결과, 2년 6개월 만에 200여 권의 고전을 완독할 수 있었다. 여유가 생기길 기다리기보다 피할 수 없는 규칙을 만드는 것이 목표 달성의 열쇠이다.

독서가 활발한 사회일수록 공적 담론이 풍부해지고 갈등 해결의 지혜가 모인다. 책은 인생의 칠흑 같은 어둠 속에서 새 출발을 앞둔 청년들에게 길을 비추는 등대와 같다. 독서는 인간의 삶을 넓히고 사회를 성숙하게 하는 최고의 보고이다.

선견(先見)·선결(先決)·선타(先打)의 원칙

**"병력은 신속함을 귀하게 여긴다.
지체하면 좋지 않다."**

— 나폴레옹 보나파르트(Napoléon Bonaparte) —

전쟁의 승패는 병력이나 무기의 성능만으로 결정되지 않는다. 현대전의 핵심은 속도이다. 먼저 보고, 먼저 결심하고, 먼저 타격하는 자가 승리한다. 이는 치열한 경쟁이 펼쳐지는 우리의 삶과 비즈니스 세계에서도 동일하게 적용되는 필승 전략이다. 필자는 이 세 가지 원칙이 성공에 미치는 영향과 실례를 살펴보고자 한다.

속도전이 승리의 관건

첫째, 선견(先見)은 미래를 예측하는 통찰력이다. 단순히 남보다 빨리 아는 것을 넘어 변화의 흐름을 읽는 능력이다. 거대한 파도가 오기 전의 잔물결을 감지하고 새로운 기술의 잠재력을 알아보는 것이다. 2000년대 초 인터넷의 변화를 감지해 투자한 기업들이 오늘날의 거대 IT 기업으로 성장했듯, 유망한 분야를 먼저 공부하고 관계를 맺는 행위가 모두 선견에 해당한다.

둘째, 선결(先決)은 통찰을 바탕으로 과감하게 결심하는 용기

이다. 통찰이 있어도 불안감에 주저하면 기회는 사라진다. 빠르게 결심하는 것은 시간이라는 가장 귀한 자원을 확보하는 행위이다. 남들이 고민할 때 첫발을 내디뎌 시행착오를 겪으며 더 나은 방향을 찾는 것이 승리의 비결이다.

셋째, 선타(先打)는 주도권을 잡고 압도적인 우위를 점하는 실행력이다. 시장의 표준을 제시하고 경쟁자가 우리를 따르게 만드는 것이다. 애플이 아이폰을 처음 선보였을 때 스마트폰의 규칙이 바뀌었듯, 먼저 브랜드를 알리고 고객을 확보하여 경쟁사의 추격 의지를 꺾어야 한다.

삼성전자는 이 원칙을 가장 철저히 이행한 사례이다. 1980년대 초, 반도체가 '산업의 쌀'이 될 것임을 예견하고(선견), 불황기에도 '역발상 투자'를 과감히 확정했으며(선결), 차세대 제품을 세계 최초로 개발해 시장을 주도했다(선타). 이러한 '초격차' 전략은 경쟁사의 추격 자체를 원천 봉쇄하였다.

에이피알 메디큐브 홍대 플래그십 스토어

최근 글로벌 시장에서 선전하는 에이피알(APR) 역시 이 원칙의 승리이다. 먼저 홈 뷰티테크로의 패러다임 변화를 내다봤고(선견), 대다수 기업이 외주 생산에 의존할 때 자체 R&D 센터와 생산 공장을 건립하여 기술 주도권을 내재화하기로 확정했다(선결). 이후 미국과 일본 등 거대 시장에 혁신 제품을 동시 출시하며 뷰티 디바이스 시장을 선점하였다(선타). 젊은 사업가 최병훈 대표의 전광석화 같은 실행력은 K-뷰티테크의 신화를 창조하였다.

필자는 우리의 삶도 이와 다르지 않다고 본다. 남보다 한 발 앞서 도전하고 끊임없는 자기계발로 전문성을 쌓는다면 우리는 언제든 '타격'할 준비가 된 것이다. 이러한 주도적 자세는 자신감으로 이어지고 더 큰 성공을 부르는 원동력이 된다.

'먼저 보고, 먼저 결심하고, 먼저 타격하라'라는 논리는 단순히 남을 이기는 기술이 아니라, 스스로 삶을 주도하는 태도를 강조한다. 미래를 예측하고 주저 없이 행동하며 차별화를 만들어낼 때, 어떤 경쟁 속에서도 흔들리지 않는 성공의 기반을 다질 수 있다. 오늘 우리는 무엇을 보고 어떤 결심을 할 것인가? 그 답이 우리의 미래를 결정할 것이다.

'지식 2배 증가 곡선' 이론에 순응

**"지식의 물결은 끊임없이 흐른다.
노를 젓지 않으면 떠내려가게 될 것이다."**

– 격언 –

미래학자 버크민스터 풀러(Buckminster Fuller)가 제시한 '지식 2배 증가 곡선'은 인류의 총 지식량이 기하급수적으로 늘어나는 현상을 설명한다. 1900년 이전에는 지식이 두 배로 증가하는 데 약 100년이 걸렸으나, 오늘날에는 그 주기가 13개월로 단축되었고, 사물인터넷(IoT) 시대에는 12시간까지 짧아질 전망이다.

이러한 현상은 지식을 대하는 방식에 근본적인 변화를 요구한다. 지식의 유효 기간이 짧아지면서 과거의 지식으로 평생을 사는 것은 불가능해졌다. 필자는 지식이 가속화되는 시대에 생존하기 위한 다섯 가지 전략을 제안한다.

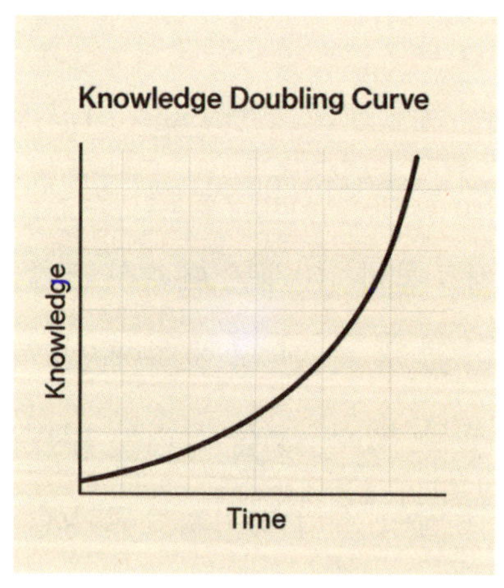

지식 2배 증가 곡선

첫째, 지속적인 학습 습관을 형성해야 한다. 학위나 자격증 취득으로 공부를 끝내는 것이 아니라, 온라인 강의와 독서 등을 통해 최신 동향을 파악하는 '평생 학습'을 생활화해야 한다.

둘째, 비판적 사고와 문제 해결 능력을 강화해야 한다. 정보의 홍수 속에서 본질을 꿰뚫고 올바른 정보를 선별하여 생산적으로 활용하는 능력이 필수적이다.

셋째, 전문성과 유연성을 조화시켜야 한다. 특정 분야의 깊이 있는 전문성을 유지하되, 타 분야와 융합할 수 있는 유연한 사고를 갖추어야 한다.

넷째, 효율적인 정보 관리와 협업이 필요하다. 모든 것을 혼자 알기보다 필요한 정보를 검색·관리하는 기술을 익히고, 집단 지성을 활용하는 협업 능력을 길러야 한다.

다섯째, 실행 중심의 학습을 지향해야 한다. 이론 습득에 그치지 않고 실제 프로젝트나 업무에 적용하여 지식을 성과로 연결하는 능력이 핵심이다.

또한 지식 폭발은 세상의 투명성을 높여 '비밀 보장이 어려운 시대'를 만들었다. 정보의 비대칭이 사라지면서 우리의 일거수일투족은 실시간으로 확인되고 감시된다. 최근 공직자들의 과거 비리가 뒤늦게 드러나는 현상도 이와 무관하지 않다. 이제는 정보가 특정 집단의 전유물이 아니며, 진짜 비밀이 없는 세상으로 진화하고 있음을 유념해야 한다.

결론적으로 지식 2배 증가곡선은 지식의 양보다 질과 활용 능력이 중요함을 시사한다. 특히 젊은 세대는 모든 분야를 섭렵하려는 욕심을 버리고, 상식과 전문 지식을 분류하여 자신의 영역에 '선택과 집중'을 해야 한다. 세상의 변화에 순응하며 매일 새롭게 배우는 자만이 지식 폭발의 시대에서 승리할 수 있다.

시간이 돈이다

**"우리가 삶이 짧다고 불평하지만,
사실 우리는 많은 시간을 낭비하고 있다."**

— 세네카(Seneca) —

"시간은 돈이다"라는 벤저민 프랭클린의 격언은 시간의 가치와 활용에 대한 깊은 통찰을 담고 있다. 돈은 잃어도 다시 벌 수 있지만, 시간은 한 번 흐르면 되돌릴 수 없기에 훨씬 귀중한 자산이다. 시간은 누구에게나 공평하게 주어지지만, 이를 어떻게 사용하느냐에 따라 삶의 결과는 판이해진다. 필자는 효율적인 시간 관리를 위한 구체적인 실천 방안과 경험을 공유하고자 한다.

효율적인 시간 관리는 단순히 바쁘게 사는 것이 아니라, 중요한 일에 집중하고 낭비를 줄여 삶의 만족도를 높이는 지혜로운 선택이다.

첫째, 명확한 목표를 설정하고 우선순위를 정해야 한다. 목표 달성에 필요한 활동들을 나열한 뒤, 긴급성과 중요도를 기준으로 우선순위를 결정하는 것이 중요하다.

시간은 돈 이상의 귀중한 자원

둘째, 구체적인 계획을 세우고 실행해야 한다. 하루, 한 주 단위로 현실적인 계획을 수립하되 반드시 휴식 시간을 포함해야 한다. 계획보다 더 중요한 것은 이를 실천에 옮기는 의지이다.

셋째, 집중력을 유지하며 방해 요소를 제거해야 한다. 멀티태

스킹보다는 한 가지 일에 집중하는 것이 생산적이다. 스마트폰 알림 등 시간을 앗아가는 요인을 의식적으로 차단해야 한다.

넷째, 위임과 거절의 용기가 필요하다. 모든 일을 혼자 하려 하지 말고 타인에게 맡길 수 있는 업무는 과감히 위임해야 한다. 또한 자신의 목표와 맞지 않는 요청은 정중히 거절하여 자신의 가치를 지켜야 한다.

다섯째, 휴식과 재충전을 계획의 일부로 삼아야 한다. 충분한 휴식은 집중력과 창의력을 높여 궁극적으로 생산성을 향상시킨다.

필자는 과거 강단에서 학생들에게 "매일 여러분의 계좌에 8만 6,400원이 입금되고 있다"라고 비유하곤 했다. 하루 24시간을 초 단위로 환산하면 8만 6,400초가 되기 때문이다. 이제 시간 관리는 '초 관리'의 개념으로 진화하고 있다. 같은 교육을 받은 동기들이 중년이 되어 각기 다른 사회적 지위를 갖게 된 배경에는 주어진 시간을 효과적으로 사용했는지에 대한 노력이 자리 잡고 있다.

필자 또한 코로나19 팬데믹 기간을 기회로 활용하였다. 외부 활동이 제한된 상황에서 사이버대학교 노인복지 전공 편입을 결심하였고, 2년 동안 70학점 이수와 160시간의 현장 실습을 마쳤다. 덕분에 평소 염원하던 사회복지사 자격을 취득하여 전문적인 자원봉사 기반을 닦을 수 있었다.

　결론적으로 시간은 우리의 질과 방향을 결정하는 소중한 자산이다. 효율적인 시간 관리는 단순한 기술을 넘어 자신의 삶을 주도적으로 이끌어가는 태도이다. 시간은 누구에게나 공평하게 흐르지만, 그 활용에 따라 미래는 완전히 달라진다. 소중한 시간을 낭비하지 않고 의미 있는 삶을 만들어 가는 노력이 오늘부터 시작되어야 한다.

효과중심작전(EBO) 개념을 적용한 일상

EBO 기반의 대인관계

"작전계획을 세우는 것은 누구나 할 수 있다.
그러나 전쟁을 할 수 있는 사람은 적다."

— 나폴레옹 보나파르트(Napoléon Bonaparte) —

현대사회에서 대인관계는 개인의 행복과 성취, 조직의 성과에 지대한 영향을 미친다. 전통적으로 인간관계는 감정과 윤리를 기반으로 발전해 왔으나, 이제는 군사 분야의 전략 개념인 효과중심작전(EBO: Effects–Based Operations)을 개인 차원의 관계에도 적용해 볼 필요가 있다.

EBO는 군사전략에서 출발하여 적의 핵심 체계를 파괴하기보다 기능 마비에 초점을 맞춘다. 물리적 파괴가 아닌 심리전 등을 활용해 적의 연결망(Link)이나 핵심 거점(Node)을 무력화함으로써 전체 시스템을 마비시키는 것이다. 과거 월남전까지의 섬멸전은 적 지역을 초토화하여 민간인 희생과 막대한 복구비를 초래했으나, EBO는 전쟁에 경제적 개념을 적용해 낭비를 줄이면서 효과를 거둔다. 이러한 접근 방식은 인간관계에도 적용될 수 있으며, 불필요한 마찰을 줄이고 효과적으로 관계를 유지하는 데 도움을 준다.

노드에 중점을 둔 인간관계

첫째, 상대의 '핵심 노드(Node)'를 파악해야 한다.

군사작전에서 노드가 지휘통제본부와 같이 시스템의 기능을 좌우하는 요소이듯, 인간관계에서도 상대의 가치관과 신념을 파악하는 것이 중요하다. 어떤 이에게는 '신뢰'가, 다른 이에게는 '존중'이나 '재미'가 핵심 노드일 수 있다. 이러한 노드를 파악하지 않고 관계를 맺으면 아무리 많은 노력을 들여도 공허한 관계가 되기 쉽다. 특히 조직에서 CEO가 종업원의 핵심 노드를 이해하고 그에 맞춰 소통한다면, 구성원의 결속력이 강화되어 실질적인 기업 생산성을 높이는 결과로 이어진다.

둘째, 소통의 통로인 '링크(Link)'를 강화해야 한다.

인간관계에서 소통 방식, 공통 관심사, 함께하는 활동 등은 링크의 역할을 한다. 등산 동호회에서 만난 한 전직 대학 총장은 특정인을 설득하거나 자기 사람으로 만들어야 할 때, 먼저 대상자의 취미를 파악하고 최적의 장소를 알아본다고 하였다. 조용한 산책 명소에서 함께 걷고 중간에 발을 씻으며 종점에서 막걸리 한잔을 나누다 보면 유대감(Rapport)이 형성되어 대부분 목적을 달성하게 된다는 것이다. 이는 효과적인 대인관계를 위해 링크를 적절히 활용한 사례이다.

셋째, 에너지의 선택과 집중이 필요하다.

EBO의 핵심은 최소 자원으로 최대 효과를 내는 것이다. 모든 사람을 만족시키려 애쓰기보다 진정으로 중요한 관계에 집중하는 자세가 필요하다. 시간과 에너지는 한정적이므로 모든 관계를 만족시키는 것은 현실적으로 불가능하다. 평소 신뢰 관계를 유지함으로써 선택과 집중 과정에서 생길 수 있는 오해를 줄여야 한다.

이러한 전략적 사고는 사회적 신뢰 회복에도 시사하는 바가 크다. 최근 검찰과 사법부 개혁에 대한 목소리가 높은 것은 국민의 시각에서 정의롭다는 평가, 즉 '국가와 국민 사이의 긍정적 링크'를 회복하기 위함이다. 사법부가 '신성 가족'이라는 권위주의를 버리고 변화에 순응할 때 비로소 사회적 신뢰라는 핵심 노드가 정상화될 수 있다.

결론적으로 EBO식 사고는 감정적 대응에서 벗어나 체계적이고 전략적인 관계 구축을 가능하게 한다. 상대의 핵심 가치를 이해하고 긍정적인 연결을 강화하는 지혜는 불필요한 충돌 없이 만족스러운 인간관계를 만들어 가는 현명한 방법이다.

EBO 기반의 학습(Effects-Based Study)

**"가장 중요한 것은 많은 것을 아는 것이 아니라,
필요한 것을 아는 것이다."**

– 세네카(Seneca) –

우리나라의 교육열은 세계적이다. 자녀 교육을 위해 학원, 과외, 이사까지 마다하지 않는 부모들의 헌신은 한국을 선진국으로 발돋움시킨 원동력이 되었다. 그러나 이러한 교육이 과연 효과적인지는 의문이다. 필자 역시 과거를 회상해 보면 참으로 개념 없는 공부를 한 것 같다. 당시 지혜로운 멘토가 있었다면 내 인생은 크게 달라졌을 것이다. 시골 부모님은 공부를 강조하셨으나 방법론에는 무지하셨고, 그저 책상에 오래 앉아 있는 것이 전부라 믿으셨다.

공부는 단순히 시간을 채우는 행위가 아니라, 제한된 자원으로 최대한의 효과를 이끌어내는 전략적 활동이다. 이는 군사전략의 효과중심작전(EBO) 개념과 유사하다. EBO가 적의 핵심 기능을 마비시켜 승리하듯, 효과적인 공부는 학습 과정의 핵심 노드(Node)와 링크(Link)를 공략하여 지식 습득의 효율성을 극대화한다.

첫째, 학습 내용의 '핵심 노드'를 정확히 식별해야 한다.

무작정 암기하기보다 학습 목표와 원리라는 노드를 파악하는 것이 우선이다. 공부 전 목차를 훑으며 전체 흐름을 파악하는 것은 지도 및 해도를 보며 경로(항로)를 계획하는 것과 같다. 수학은 공식의 유도 원리를, 역사는 사건 간의 인과관계를 파악하는 것이 핵심 노드이다. 이를 단단히 다지면 세부 지식은 자연스럽게 연결된다. 시험을 앞두고 있다면 교사가 강조한 예시나 힌트가 핵심 노드일 가능성이 높으므로 이를 우선순위에 두어야 한다.

핵심 노드에 주안을 둔 학습

둘째, 지식 간의 연결고리인 '링크'를 튼튼하게 구축해야 한다.

효과적인 학습은 단편적 지식을 의미 있는 네트워크로 만드는 과정이다. '남에게 설명할 수 있어야 진짜 아는 것'이라는 말처럼, 배운 내용을 타인에게 설명하거나 스스로 강의하듯 복습하면 지식의 빈틈이 드러난다. 이는 메타인지 능력을 높이고 연결고리를 공고히 하는 강력한 방법이다. 마인드맵 그리기나 실생활 사례 적용, 끊임없는 질문 던지기 역시 학습의 깊이를 더하는 효과적인 링크 강화법이다.

셋째, 시간과 에너지를 전략적으로 배분해야 한다.

무작정 오래 앉아 있기보다 짧은 시간을 효율적으로 사용해야 한다. 20~40분 집중 후 5~10분간 휴식하는 패턴을 반복하여 뇌의 피로를 줄여야 한다. 이때 스마트폰 대신 스트레칭을 하는 것이 좋다. 또한 복습 주기를 하루, 3일, 1주일 단위로 늘려가는 장기 기억 전환 전략과 스스로 답을 떠올리는 '능동적 회상(Active Recall)'을 통해 기억력을 극대화해야 한다.

넷째, 환경을 통제하여 능률을 극대화해야 한다.

좋은 장소란 방해 요소가 최소화되고 '공부 전용 공간'이라는 인식이 형성된 곳이다. 특정 장소를 학습 목적에 고정하면 뇌는 그 환경에 들어서는 순간 즉시 집중 모드로 전환된다. 특히 집에서는 침대나 소파를 피해 책상을 전용 공간으로 유지하고 스마트폰을 물리적으로 차단해야 한다. 시간대 선택도 중요하다. 아침에는 암기와 개념 정리를, 오전 중반에는 이해 중심의 학습을 하는 등 뇌의 각성 리듬을 고려하면 적은 노력으로 높은 성과를 얻을 수 있다.

결국 공부의 능률은 환경과 학습을 전략적으로 구조화하는 데서 온다. 이는 노력의 양만 늘리는 것이 아니라 효율을 높이는 공부로 나아가는 현실적인 출발점이다.

정리하면, 효과적인 공부는 학습의 핵심 노드를 파악하고 지식 간의 연결을 강화하며 환경과 에너지를 효율적으로 배분하는 전략적 과정이다. 이러한 'EBO 기반의 학습'은 인생의 수많은 난관을 극복하는 데 필수적이다. 필자가 제안한 기법을 참조하여 나만의 효과 중심적인 학습 플랜을 수립해 보길 바란다.

효과적인 직무수행(Effective job)

“효율적으로 일하는 것은
‘일을 올바르게 하는 것(Doing things right)’이고,
효과적으로 일하는 것은
‘올바른 일을 하는 것(Doing the right things)’이다.”

– 피터 드러커(Peter Ferdinand Drucker) –

우리나라의 시간당 노동생산성은 2023년 기준 OECD 37개국 중 24위에 머물고 있다. 독일 등 주요 선진국의 60% 수준에 불과한 원인은 노동 시장의 구조적 문제도 있으나, 개개인의 업무 추진 효율성 차이도 크다. 유사한 직무를 수행하면서도 결과에 차이가 난다면 이는 개인의 역량이나 일 처리 방식의 문제일 것이다.

오늘날의 직무수행은 단순히 개인의 성취를 넘어 조직 전체의 성과 및 경쟁력과 직결된다. 필자는 효과적인 직무수행을 위해 필요한 구체적 태도와 기법을 자기관리, 목표 설정, 시간 관리, 협업, 문제 해결, 성장의 측면에서 살펴보고자 한다.

효과적인 직무수행은 무엇보다 개인의 태도와 자기관리에서 출발한다. 맡은 일을 단순한 의무가 아닌 '가치 있는 기여'로 인식할 때 몰입도와 책임감이 높아진다.

첫째, 책임의식이 중요하다.

주어진 역할에 대해 책임을 지겠다는 태도는 직무의 성패를 좌우한다. 책임을 진다는 것은 단순히 일을 완수하는 데 그치지 않고, 문제 발생 시 적극적으로 해결책을 모색하는 자세를 의미한다.

둘째, 자기관리 능력이 필요하다.

체력과 정신적 안정은 업무 효율을 높인다. 규칙적인 생활과 꾸준한 운동은 직무수행의 기반이며, 직장 생활 속 갈등이나 압박감을 해소하는 스트레스 관리 능력도 필수적이다.

최고의 경쟁력 효과중심적 직무수행

셋째, 긍정적인 태도를 유지해야 한다.

직무 환경은 항상 예측 불가능한 변수를 동반한다. 이를 성장의 기회로 삼고 긍정적으로 대응하는 사람은 장기적으로 신뢰받는 구성원이 된다.

효과적인 직무수행의 핵심은 명확한 목표 설정과 우선순위 관리이다.

첫째, SMART 원칙을 적용해야 한다.

목표는 구체적(Specific), 측정 가능(Measurable), 달성 가능(Achievable), 관련성(Relevant), 기한 설정(Time-bound)이 되어야 한다. "고객을 늘린다"라는 모호한 목표보다 "이번 분기 내 신규 고객 20명 확보"가 훨씬 실행력이 높다.

둘째, 우선순위 설정이 필요하다.

아이젠하워 매트릭스를 활용해 긴급성과 중요도에 따라 업무를 분류한다. 중요한데 긴급하지 않은 일을 선제적으로 처리하면 위기를 예방할 수 있고, 긴급하지만 덜 중요한 일은 위임하여 자원 낭비를 줄일 수 있다.

시간 관리는 생산성을 결정하는 결정적 요소이다. 하루, 주, 월 단위의 계획 수립과 피드백을 습관화하고, 업무 중 집중력을 분산시키는 스마트폰 알림이나 불필요한 활동을 차단하는 몰입 환경을 조성해야 한다. 반복적이고 단순한 업무는 자동화하거나 위임하는 자세가 필요하다.

현대 직무 환경은 팀 단위로 성과를 창출하므로 협업 능력이 필수적이다. 상대의 의견을 존중하는 경청의 자세와 간결하고 논리적인 의사 전달이 요구된다. 팀 내 상호 보완적 역할을 인식하고 각자의 강점을 활용하며, 갈등은 무조건 피하기보다 합리적인 대안을 찾는 건설적인 방식으로 해결해야 한다.

문제 해결 능력 또한 중요하다. 문제 원인을 단편적으로 판단하기보다 자료를 수집해 다각도로 분석하는 사고가 필요하다. 기존 방식을 고수하기보다 창의적인 해결책을 도출하고, 이를 구체적인 계획으로 옮겨 실행하며 결과를 개선하는 선순환이 뒤따라야 한다.

직무수행은 끊임없는 학습과 자기 계발이 뒷받침되어야 장기적인 효과성이 확보된다. 업무 전문성을 지속적으로 습득함은 물론, 디지털 기술이나 데이터 분석 등 미래 역량을 준비해야 한다. 주기적인 자기 성찰을 통해 자신의 성과와 과정을 돌아보고 강점과 약점을 진단하는 습관은 성장의 원동력이 된다.

위의 지침을 실천하기 위한 성과를 높이는 5가지 일하는 방식을 소개한다.

　1. **'개구리부터 먹기'**(Eat That Frog)： 가장 어렵고 회피하고 싶은 일을 업무 시작 직후에 가장 먼저 처리하라.

　2. **타임 블로킹**(Time Blocking)： 캘린더에 특정 업무 전용 시간을 예약하여 멀티태스킹으로 인한 집중력 분산을 막아라.

　3. **포모도로 기법**(Pomodoro Technique)： 25분 집중과 5분 휴식을 반복하여 집중력을 높이고 번아웃을 방지하라.

　4. **2분 규칙**(The 2-Minute Rule)： 2분 내로 끝낼 수 있는 사소한 일은 즉시 처리하여 실행력을 높여라.

　5. **완벽주의보다는 '완료'**(Done is better than perfect)： 60~70%의 완성도로 초안을 빠르게 끝낸 뒤 피드백을 통해 수정하라.

　결국 효과적인 직무수행은 성실한 태도와 미래를 준비하는 지혜가 결합될 때 완성된다. 필자가 강조한 이러한 기법들이 삶의 전선에서 핵심 무기의 역할을 하게 될 것이다.

NCW 개념을 활용한 직무수행

"혼자 할 수 있는 일은 거의 없다.
우리는 함께 많은 것을 할 수 있다."

— 헬런 켈러(Helen Keller) —

현대 전쟁의 핵심 개념 중 하나인 NCW(Network Centric Warfare: 네트워크 중심전)는 정보 기술을 활용해 전장의 모든 요소를 연결하고 정보를 공유하여 신속·효율적인 의사결정을 내리는 전쟁 수행 기법이다. 1990년대 미국 국방부에서 주창한 이 교리는 지리적으로 분산된 부대 간의 탄탄한 네트워크를 통해 '정보 우위'를 '경쟁 우위'로 전환하는 것을 목표로 한다.

과거에는 단일 무기체계가 탐지부터 공격까지 독자적으로 수행했으나, NCW 환경에서는 특정 체계가 탐지한 표적을 가장 효과적으로 타격할 수 있는 체계가 공격을 수행한다. 예를 들어, 지상 미사일 부대가 적 정보를 입수했더라도 은밀한 타격이 필요하다면 잠수함의 SLBM이 임무를 대신 수행하는 식이다. 이는 다수의 전력이 유기적인 정보 교류를 통해 최적의 임무 수행이 가능하도록 기능을 배분하고 조정하는 개념이다.

이러한 이론은 직무수행에도 그대로 적용 가능하다. 정보를 입수한 사람이 모든 일을 직접 종결짓던 기존 방식에서 벗어나, 정보를 공유한 후 해당 업무를 가장 잘 처리할 수 있는 최적임자가 임무를 수행하게 하는 것이다. 즉 전문성을 기준으로 적재적소에 활용하는 개념이다. 따라서 이 개념은 다양한 역량이 뛰어난 사람에게 일할 기회가 많아지므로 개인적인 역량 향상의 촉진 역할을 하게 된다.

NCW 개념을 업무에 적용하면 다음과 같은 효과를 기대할 수 있다.

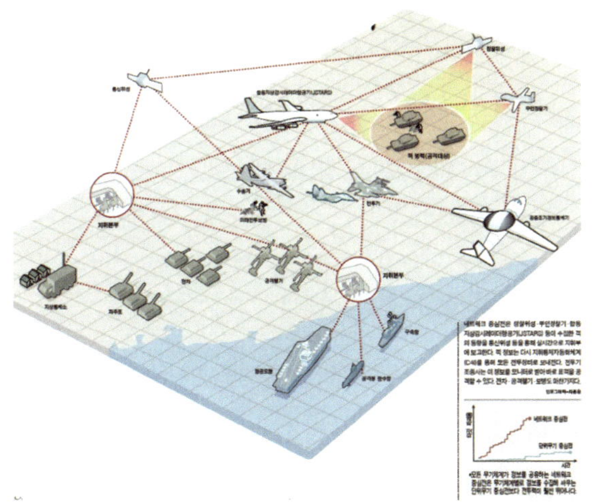

조직 효율성의 극대화 NCW 개념도

첫째, 상황 인식 능력을 향상시킨다.

분산된 정보를 실시간으로 통합하여 참여자들이 통합된 상황 인식(Shared Situational Awareness)을 갖게 한다. 이는 단편적 정보에 의존할 때보다 전체 맥락을 정확히 파악하게 하며, 흩어진 퍼즐 조각을 모아 완전한 그림을 만드는 것과 같은 효과를 준다.

둘째, 의사결정 속도를 높인다.

전쟁 승리의 전제조건인 신속한 의사결정은 비즈니스 환경에서도 매우 중요하다. 정보가 네트워크를 통해 실시간 공유되므로 보고와 승인 절차를 간소화할 수 있으며, 현장 담당자에게 권한을 위임하여 급변하는 상황에 즉각 대응할 수 있다.

셋째, 업무 효율성과 협업을 증대시킨다.

팀원들이 서로의 위치와 진행 상태를 실시간으로 파악하면 중복 업무가 줄어들고 시너지가 창출된다. 마치 오케스트라 연주자들이 지휘자에 맞춰 조화로운 연주를 하듯, 유기적인 협력을 통해 공동의 목표를 달성하게 된다.

넷째, 자원을 최적화할 수 있다.

명확한 상황 인식을 바탕으로 인력, 예산, 장비 등 한정된 자원을 가장 필요한 곳에 집중 투입할 수 있다. 이는 최소 자원으로 최대 효과를 얻는 자원 최적화를 가능하게 하며, 물류 재고 관리 등에 적용할 경우 비용 절감 효과가 탁월하다.

협업을 위한 인적 네트워크

효과적인 NCW 기반 협업을 위해서는 기술보다 '태도'로서의 네트워킹이 필요하다. 네트워킹은 '무엇을 얻을까'가 아니라 '무엇을 줄 수 있을까'에서 시작해야 한다. 상대에게 필요한 정보나 조언을 먼저 제공하고 그들의 성공에 기여하려는 진정성 있는 태도가 신뢰의 기반이 된다.

또한 자기 이야기만 하기보다 상대의 이야기를 경청하고 좋은 질문을 던지는 노력이 필요하다. 만남 이후 감사 메시지를 보내거나 SNS를 통해 성과를 축하하는 등의 꾸준한 관리가 진정한 관계를 만든다.

나아가 전문 세미나나 커뮤니티에 적극 참여하는 의도적 노력도 병행해야 한다. 도움을 요청하는 것은 나약함의 표시가 아니라 상대에 대한 신뢰와 존중의 메시지이며, 이를 통해 관계는 더욱 깊어질 수 있다.

NCW 개념을 기업 경영에 적용해 파격적인 성과를 거둔 사례는 다음과 같다.

• 사례1 : 자라(ZARA)의 초스피드 패션

자라는 매장 매니저들이 수집한 현장의 미세한 반응(센서)을 본사에 실시간 전송한다. 본사 디자인팀은 이 정보를 즉각 분석해 의사결정(지휘결심)을 내리고, 2주 안에 신제품을 제작해 배송(타격)한다. 전통 패션 기업의 기획 주기를 획기적으로 단축한 민첩성의 승리이다.

• 사례 2: 월마트(Walmart)의 상황 인식 공유

'리테일 링크' 시스템을 통해 판매 데이터를 협력업체와 실시간 공유한다. 공급업체가 스스로 재고 상태를 파악해 물량을 조절하는 '자기 동기화(Self-Synchronization)'를 실현함으로써 물류 효율성을 극대화했다.

'투 피자 팀'이라는 소규모 조직이 독립된 스타트업처럼 기동한다. 중앙 승인 없이 현장에서 즉시 의사결정을 내리는 방식은 NCW의 철학인 '지휘관의 의도에 따른 분산 실행'과 궤를 같이하며 아마존 혁신의 원동력이 되었다.

네트워킹은 인맥 기술이 아닌 사람에 대한 투자이다. 고전적 관계 맺기를 넘어 진화된 NCW 개념을 적용한다면 협업의 승수효과를 얻을 수 있을 것이다. 이러한 접근은 조직의 효율성을 극대화할 뿐만 아니라, 사회생활 전반의 인간관계를 더욱 윤택하고 활기차게 만드는 강력한 도구가 될 것이다.

훌륭한 멘토를 만나면 인생 절반은 성공이다

"경험은 소중하지만, 모든 것을 직접 경험할 필요는 없다.
타인의 경험을 통해서 지혜를 얻어라."

– 율리우스 카이사르 –

인생은 수많은 선택과 도전의 연속이다. 학업, 직업, 가치관 등 다양한 문제 앞에서 내리는 결정들이 쌓여 인생의 궤적을 만든다. 그러나 처음부터 확고한 목표나 해답을 가진 사람은 드물다. 때로는 방향을 잃고 시행착오 속에서 시간을 허비하기도 한다. 이때 길잡이가 되어주는 존재가 바로 멘토(Mentor)이다.

멘토는 지식을 전수하는 스승을 넘어 삶의 나침반 역할을 한다. 올바른 가치관을 심어주고 자기 한계를 넘어서도록 격려한다. "훌륭한 멘토를 만나면 인생 절반은 성공이다"라는 말은 인생의 본질을 꿰뚫는 지혜를 담고 있다. 멘토의 유래와 중요성,

그리고 바람직한 멘토십의 방향을 살펴보자.

'멘토'라는 단어는 호메로스의 서사시『오디세이아』에서 유래했다. 트로이 전쟁에 나선 오디세우스가 아들 텔레마코스를 부탁한 충직한 친구의 이름이 '멘토'였다. 그는 단순한 보호자가 아니라 지혜와 경험으로 젊은이의 성장을 도운 길잡이였다. 이러한 개념은 동서고금을 막론하고 스승, 조언자, 가이드의 의미로 확장되며 인간 사회 발전의 필수적 존재로 자리 잡았다.

성장과 발전의 견인차, 멘토링

필자가 분석하는 멘토의 역할은 다음과 같다.

첫째, 방향을 제시하는 나침반이다. 스스로 생각하고 판단할 수 있도록 관점을 열어주어 삶의 길을 찾게 돕는다.

둘째, 시행착오를 줄여준다. 멘토는 자신의 경험과 교훈을 공유함으로써 제자가 겪을 시간과 자원의 낭비를 막고 더 빠른 성장을 가능케 한다.

셋째, 정서적 지지와 격려를 제공한다. 실패와 좌절의 순간, 멘토의 따뜻한 조언 한마디는 삶의 전환점이 된다.

넷째, 도덕적·가치적 기준을 제시한다. 물질적 성공을 넘어 정직, 책임, 공동체 의식 등 삶의 근본 가치를 심어준다.

훌륭한 멘토를 만나면 진로 설정이 명확해지고, 잠재력이 자극되어 자기 한계를 극복하게 된다. 또한 멘토가 구축한 네트워크와 기회의 문이 열리며 사회적 자본을 형성하게 된다. 결국 성공 확률이 획기적으로 높아지기에 '인생 절반은 이미 성공'이라는 말이 성립하는 것이다.

오늘날과 같은 불확실성의 시대에 멘토의 지혜는 더욱 절실하다. 정보는 넘쳐나지만 본질을 가려내는 통찰은 부족하기 때문이다. 멘토십이 성공하려면 멘토는 진심 어린 마음과 삶의 모범을 보여야 하며, 멘티는 열린 마음과 배우려는 적극성을 견지해야 한다.

역사적 명사들의 곁에는 늘 훌륭한 멘토가 있었다.

세종대왕에게는 정신적 지주이자 학문의 길을 열어준 스승 이수가 있었고, 성웅 이순신에게는 그의 잠재력을 알아보고 파격적으로 추천하며 끝까지 믿어준 서애 류성룡이 있었다. 축구 스타 박지성 역시 거스 히딩크 감독을 만나 세계적인 선수로 도약할 수 있었다. 만약 이들이 멘토를 만나지 못했다면 평범한 인물로 남았을 가능성이 높다.

멘토링의 효과에 감격

실제로 성공한 사람들의 93%는 자신들의 막대한 부가 멘토 덕분이라고 밝혔으며, 68%는 멘토링을 성공의 가장 중요한 요인으로 꼽았다. 인생에서 훌륭한 멘토를 만나는 것은 성공으로 가는 쾌속선에 올라타는 것과 같다.

인생은 스스로 개척해야 하지만, 훌륭한 멘토는 그 길을 훨씬 단단하고 풍요롭게 만든다. 멘토와의 관계는 일방적인 가르침이 아닌 함께 성장하는 파트너십이다. 좋은 멘토를 찾고 그 관계를 소중히 가꾸는 것은 성공적인 삶을 위한 가장 현명한 투자이다.

오늘날처럼 경쟁이 심화되는 시대일수록 멘토의 중요성은 더욱 커진다. 개인은 배우려는 겸손한 자세를 갖추고, 사회는 멘토십 문화를 조성해야 한다. 멘토와 멘티가 함께 성장할 때 개인의 성공과 사회 전체의 발전이 가능해진다. 지금 나는 훌륭한 멘토를 만나 대양을 순항하고 있는지 자문해 보길 바란다.

05

인생을 개략적으로 디자인하자

중장기 플랜 수립

"목표는 우리가 어디로 가야 할지를 알려주는 등불이다."

― 존 F. 케네디(John Kennedy) ―

목표를 세우고 사는 삶과 그렇지 않은 삶은 확연히 다르다. 목표가 없는 사람은 결국 목표를 가진 사람들에 의해 운명이 결정된다. 진정 하고 싶은 일이나 되고 싶은 모습이 있다면, 결과를 예단하지 말고 꾸준히 목표를 세워 노력하는 것이 중요하다.

1979년 하버드 경영대학원 졸업생을 대상으로 진행한 설문조사는 시사하는 바가 크다. 당시 목표를 명확히 기록한 졸업생은 3%에 불과했으나, 10년 후 추적 조사 결과 이들의 소득은 목표가 없던 84%의 졸업생보다 평균 10배 이상 높았다. 목표를 세우고 기록했다는 것은 그만큼 목표가 명확했으며, 이를 성취하기 위해 지속적으로 노력했음을 의미한다.

함정의 ETA(Estimated Time Arrival: 도착예정시간) 개념에서도 목표의 중요성을 확인할 수 있다. 함정은 기상 악화나 어선 등 장애물을 만나 항로를 우회하더라도 예정된 시간에 도착해야 한다. 이것이 가능한 이유는 '정해진 시간에 도착하겠다'라는 확실한 목표가 있기 때문이다. 목표가 있으면 지연된 만큼 속력을 높이거나 지름길(Short cut)을 찾아내어 결국 목표를 완수하게 된다. 목표를 세우면 내가 목표를 따라가는 것 같지만, 사실은 목표가 나를 이끄는 것이다.

목표를 달성하기 위한 중장기 플랜

구체적인 인생 목표를 세우기 위해 먼저 불확실한 미래를 위한 설계도를 그려야 한다. 인생의 지도를 그리기 전, 필자는 '인생 중장기 플랜'을 수립할 것을 권한다.

────────────── 〈인생 중장기 플랜 로드맵〉 ──────────────

Step 1. 자기 진단 (현재 위치 파악)

– 자신의 현재 위치를 객관적으로 돌아본다.

- **가치관:** 돈, 명예, 관계, 봉사 중 무엇을 중요하게 여기는가?

- **재능과 강점:** 내가 남들보다 잘하고 뛰어난 점은 무엇인가?

- **약점과 보완점:** 현재 부족하며 보완해야 할 점은 무엇인가?

- **현재 자원:** 경력, 자격증, 인맥, 재정 상태 등 내가 가진 자산은 무엇인가?

Step 2. 영역별 장기 목표 설정 (10~20년 후)

– 다음은 나침반의 방향을 정한다. 10년, 20년 후의 꿈을 경력, 재정, 건강, 관계, 성장 등 삶의 모든 영역에 걸쳐 구체적으로 그려본다.

- **경력/직업:** 10년 후 어떤 전문가가 되고 싶은가?

- **재정:** 경제적으로 어떤 상태에 있고 싶은가? 구체적으로 목표 금액을 설정하는 것도 좋다.

- **건강:** 신체적, 정신적으로 어떤 건강 상태를 유지하고 싶은가?

- **관계:** 가족, 친구, 동료들과의 어떤 관계를 맺고 싶은가?

- **성장/취미:** 어떤 것을 배우고, 어떤 취미를 즐기는 삶을 살고 싶은가?

Step 3. 중기 계획 및 실행 로드맵 (3~5년 단위)

– 거대한 장기 목표를 달성하기 위해 3년 또는 5년 단위의 중기 계획을 수립한다. 이는 장기 목표를 현실적인 단계로 나누는 과정이다.

- 1단계(3년): 새로운 기술 습득 및 자격증 취득, 멘토 확보.
- 2단계(3년): 조직 내 리더십 발휘 및 인적 네트워크 확장.
- 3단계(3년): 컨설팅 관련 심화 지식 습득을 통한 독립적 역량 강화.

Step 4. 일상적 실행 지침 (연·월·주·일 단위)

– 이제 계획을 실행에 옮길 차례다. 중기 계획을 다시 연간, 월간, 주간 단위로 나누어 실행 가능한 작은 행동들로 만든다. 매일의 작은 노력이 모여 큰 변화를 만들어 나간다.

- **연간:** 올해는 비즈니스 영어 회화 수준 달성.
- **월간:** 매주 3시간씩 영어 회화 스터디 참여.
- **주간:** 매일 아침 30분씩 영어 뉴스 청취 및 쉐도잉(shadowing).
- **일상:** 오늘은 IT 관련 논문 한 편 읽기.

인생은 변수로 가득하므로 플랜은 고정된 틀이 아닌 '살아있는 문서'여야 한다. 환경 변화에 따라 6개월~1년 단위로 계획을 수정하는 유연함이 필요하다.

대학 졸업부터 취업, 결혼, 노후 준비에 이르기까지 생애 주기별 이슈를 반영한 마스터플랜을 수립하자. 성공한 사람들은 행복의 여신이 미소 지어준 이들이 아니라, 이러한 계획을 묵묵히 지켜온 사람들이다. 시작이 반이다. 주도적으로 설계한 플랜은 목적 없는 방황을 막아주고 당신을 인생 목표로 인도할 것이다.

멀티커리어리즘(Multi-careerism) 시대 준비

"균형을 유지하려면 계속 움직여야 한다."

– 알베르트 아인슈타인(Albert Einstein) –

현대 사회는 평생직장 개념이 사라지고, 여러 직업을 동시에 또는 순차적으로 갖는 '멀티커리어리즘' 시대로 접어들었다. 이는 생계 유지를 넘어 개인의 잠재력을 발휘하고 다양한 경험을 통해 성장하려는 욕구의 반영이다.

밀레니얼 세대는 자신을 회사의 경력과 동일시하지 않고 자발적으로 프로젝트를 만든다. 그들은 특정 포지션에 갇힌 선수가 아니라 어디든 연결될 수 있는 외장 하드를 가진 '운동선수'

와 같다. 이직에 대한 인식도 바뀌었다. 과거에는 인내심 부족으로 치부되었으나, 지금은 능력과 도전의식의 증거로 평가받는다. 이직을 통한 연봉 상승이 이를 증명하며, 기업들 또한 경력직 채용을 확대하고 야간·휴일 전형을 도입하는 등 유연하게 대응하고 있다.

멀티커리어즘 모습

　이러한 흐름에 성공적으로 올라타기 위해서는 멀티커리어리즘 시대에 걸맞은 준비가 필요하다. 가장 중요한 자산은 자신만의 핵심 역량이다. 단순히 여러 일을 하는 것이 아니라, 대체 불가능한 전문성을 바탕으로 '나'라는 브랜드를 구축해야 한다. 한 분야의 깊이를 확보한 뒤 다른 분야와 결합하는 '융합형 인재'가 그 첫걸음이다. 개발 지식을 갖춘 디자이너가 최적의 UI/UX를 구현하듯, 지식의 결합은 새로운 가치를 창출한다.

기술 변화가 가속화되면서 지속적인 학습은 생존 조건이 되었다. K-MOOC 등 온라인 플랫폼과 독서를 통해 간접 경험을 쌓고, 실전 프로젝트에 참여하며 지식을 재해석하는 능력을 길러야 한다. 또한 멀티커리어리즘은 불확실성을 수반하므로 완벽한 계획보다는 빠른 실행력이 중요하다. 사이드 프로젝트나 부업으로 새로운 분야를 탐색하며 실패의 두려움을 극복해야 한다. 여러 일을 병행하기 위한 철저한 시간 관리와 수입원 다변화를 통한 재정적 안정 확보도 병행되어야 한다.

네트워크 역시 중요한 자산이다. 온·오프라인 모임에 적극 참여하여 정보를 공유하고 협업 기회를 모색해야 한다. 단순히 인맥을 넓히기보다 상대에게 기여하려는 진정성 있는 태도가 신뢰의 기반이 된다. 신뢰로 맺어진 관계는 지속적인 성장을 돕는 통로가 된다.

요약하면 멀티커리어리즘은 불안정하지만 무한한 가능성을 시사한다. 중요한 것은 변화를 두려워하지 않는 태도이다. 핵심 역량을 강화하고 학습을 지속하며, 유연한 도전과 소중한 관계를 통해 이 시대를 주도적으로 대비해야 할 것이다.

평생직업 시대 대응

"직업에서 행복을 찾아라.
아니면 행복이 무엇인지 절대 모를 것이다."

– 앨버트 허버드(Elbert Hubbard) –

"나는 젊었을 때 정말 열심히 일했습니다. 그 결과 실력을 인정받고 존경받으며 65세에 명예롭게 은퇴했죠. 하지만 아흔다섯 번째 생일에 후회의 눈물을 흘렸습니다. 은퇴 후 '남은 인생은 덤'이라 생각하며 무려 30년을 고통 없이 죽기만을 기다리며 허송세월했기 때문입니다. 만약 퇴직 때 30년을 더 살 수 있다는 것을 알았다면 난 정말 그렇게 살지는 않았을 것입니다."

이 고백은 어느 퇴직 교수의 사연이지만, 상당수 퇴직자가 비슷한 패턴으로 살아가며 후회하고 있을 것이다. 21세기는 '평생직업(Lifelong Job)'의 시대를 넘어 '평생직업 변화(Lifelong Career Change)'의 시대로 접어들었다. 과거에는 한 직장에서 정년퇴직하는 것이 일반적이었으나, 현재는 기술 발전과 산업 구조 재편으로 직업의 생애주기가 급격히 짧아지고 있다.

특히 인공지능(AI)과 플랫폼 경제의 부상은 전통적 직업을 대체하고 새로운 직무를 창출한다. 세계경제포럼(WEF, 2023)은 2027년까지 전체 직업의 23%가 바뀔 것이라 전망했다. 이제 개인은 생애 전 주기 동안 새로운 기술을 학습하고 직업을 전환해야 하는 현실에 직면해 있다. 필자는 평생직업 시대의 특징을 살피고 개인·기업·정부 차원의 대비책을 제안하고자 한다.

일자리 + 가치창출 +사회적 기여

'평생직업'은 한 직업을 은퇴 시까지 유지한다는 의미보다, 생애 전 주기에 걸쳐 역할과 역량을 지속적으로 발전시키는 과정이다. 주요 특징으로는 직업의 불안정성, 기술 변화의 가속화, 지식의 반감기 단축(유효기간 3~5년), 자기주도 학습 필요성 증대 등을 꼽을 수 있다.

평생직업 시대가 도래한 배경은 다음과 같다.

- **기술혁신**: AI와 자동화는 사무·서비스직을 포함한 노동시장의 약 50%를 대체할 가능성이 있다.
- **산업 구조 변화**: 플랫폼·디지털 경제 확산으로 전통적 판매직이 데이터 마케터 등으로 진화하고 있다.
- **인구·사회학적 요인**: 평균수명 증가로 70세까지 경제활동이 가능한 사회가 되면서 직업의 갱신 주기가 늘어났다.

이에 따른 개인 차원의 대비책은 **첫째, 평생학습의 습관화이다.** 온라인 교육 플랫폼(K-MOOC 등)을 활용해 스스로 지식을 습득해야 한다. 필자가 팬데믹 기간에 노인복지학을 전공하며 만학도의 길을 걸은 것도 이러한 노력의 일환이다.

둘째, 직무 포트폴리오 구축이다. 한 가지 직업에 의존하지 않고 'N잡러'나 전문자격 취득 등을 통해 직업을 다변화해야 한다.

셋째, 회복탄력성(Resilience) **배양이다.** 변화를 두려워하기보다 정기적인 경력 점검과 네트워크 구축을 통해 실패를 성장의 기회로 전환하는 마인드셋이 중요하다.

기업 차원에서는 사내 온라인 러닝 플랫폼 운영 등 평생교육 체계를 구축하고, 프로젝트 기반 고용이나 시니어 인력 재교육 등 유연한 경력 관리 정책을 도입해야 한다. 정부와 사회는 직업훈련 인프라를 확충하고, 직업 전환기의 소득 공백을 메울 사회안전망을 보강하며, 직무 중심 임금체계 등 노동시장 구조 개혁을 뒷받침해야 한다.

해외 사례를 보면 핀란드의 평생학습 바우처, 싱가포르의 '스킬스퓨처(SkillsFuture)', 독일의 이원화 직업교육제도 등이 시사점을 준다. 우리 역시 국민 누구나 직업 전환기에 필요한 교육과 소득 보장을 받을 수 있는 제도를 마련해야 한다.

평생직업 시대는 선택이 아닌 현실이다. 기업과 정부의 역할도 중요하지만, 결국 개인의 자기 계발 의지가 생존을 결정할 것이다. 정년퇴직 후 남은 30년을 보람 있게 보낼 수 있도록 차근차근 준비하자.

지금 당신은 100세 시대의 궤도에 진입하고 있는가, 아니면 관망만 하고 있는가?

06

대인관계에 대한 기본 마인드

첫인상이 중요하다

"첫인상은 옷과 같아서 단 한 번만 만들 수 있다."

— 탈무드(Talmud) —

인간은 누군가를 만났을 때 느껴지는 다양한 정보를 바탕으로 첫인상을 결정한다. 짧은 만남으로 한 사람의 모든 것을 파악할 수는 없으나, 우리 뇌는 효율성을 추구하기 위해 본능적으로 상대방을 빠르게 판단하려 시도한다. 안타깝게도 인간의 뇌는 컴퓨터처럼 모든 정보를 객관적으로 받아들이지 못한다. 개인의 가치관이나 경험에 따라 같은 상황에서도 해석이 달라질 수 있기 때문이다.

첫인상은 짧게는 3초에서 7초 안에 형성된다. 이 찰나의 시간 동안 상대방은 우리의 외모, 표정, 말투, 행동을 종합하여 인상을 만든다. 이렇게 형성된 인상은 초두효과(Primacy Effect)에 따라 매우 강력하게 작용하며 이후의 관계에 지속적인 영향을 미친다. 한번 굳어진 인상을 바꾸기는 매우 어렵기에 좋은 첫인상을 남기는 것이 중요하다. 이는 상대방이 우리와 더 깊은 관계를 맺을지 결정하는 첫 번째 관문이다. 긍정적인 인상은 기대감을 심어주어 대화를 이어가게 하지만, 부정적인 인상은 관계의 시작조차 어렵게 만든다. 우리는 본능적으로 깔끔하고 자신감 넘치는 사람에게 호감을 느끼며, 이러한 신뢰는 비즈니스 협상이나 면접 등 모든 상황에서 유리하게 작용한다.

삶의 문을 열어주는 열쇠, 첫인상

첫인상이 결정적인 역할을 했던 역사적 사례는 다양하다.

제2차 세계대전 당시 영국 총리 윈스턴 처칠은 미국 참전을 설득하기 위해 루스벨트 대통령을 만났다. 처칠의 강인하면서도 유머러스한 진실된 태도는 루스벨트에게 깊은 인상을 남겼고, 이는 단순한 외교를 넘어 개인적인 우정으로 발전했다. 이 유대는 결국 연합군의

처칠과 루스벨트의 환담 모습

승리를 이끄는 군사지원법 통과에 결정적인 영향을 미쳤다.

기업 사례에서도 첫인상의 힘은 증명된다.

스타벅스의 전 CEO 하워드 슐츠는 1983년 밀라노의 에스프레소 바를 방문했을 때 바리스타가 손님의 이름을 부르며 밝게 인사하는 따뜻한 분위기에 매료되었다. 이 강렬한 첫인상의 경험은 미국으로 건너와 '제3의 공간'이라는 개념으로 정립되었고, 스타벅스를 세계적 브랜드로 키워냈다.

현대 그룹 고 정주영 회장의 사례도 유명하다. 1971년 영국에서 차관 도입을 거절당하자 500원권 지폐 속 거북선 그림을 보여주며 한국의 잠재력을 증명해 투자 유치에 성공했다. 이와 같은 대담한 첫인상 전략이 오늘날 세계 1위 한국 조선업의 시초가 되었다.

그러면 좋은 첫인상을 만들기 위해 무엇을 준비해야 할까? 필자는 이를 외모, 비언어적 표현, 태도 세 영역으로 나누어 강

조하고자 한다.

첫째, 외모는 가장 먼저 눈에 들어오는 요소이다. 이는 미남·미녀여야 한다는 뜻이 아니라 단정함과 청결함을 의미한다. 상황에 맞는 복장을 갖추고 머리 모양과 손톱 등 작은 부분까지 신경 쓰는 세심함이 필요하다. 또한 불쾌한 냄새가 나지 않도록 관리하는 것은 필수적이다.

둘째, 비언어적 의사 전달이다. 말보다 몸이 먼저 인상을 전달한다. 진심 어린 미소는 상대방의 경계심을 허물며, 당당한 자세는 신뢰를 준다. 대화 시 상대방의 눈을 적당히 바라보는 것은 존중의 표현이며, 적당한 힘을 담은 악수는 친밀감을 전달한다.

셋째, 진정성 있는 태도이다. 밝고 진심을 담은 인사와 경청하는 자세가 중요하다. 상대의 의견을 존중하며 고개를 끄덕이는 등의 추임새를 넣는 적극적인 모습이 필요하다. 또한 정보 공유가 활발한 현대사회에서는 사전에 상대의 정보를 파악하여 긍정적인 업적에 관심을 표하는 것도 라포(Rapport) 형성에 큰 도움이 된다.

첫인상은 찰나에 결정되지만 그 영향은 오래 지속된다. 단정한 외모와 자신감 있는 표현, 진정성 있는 태도는 우리 삶의 문을 열어주는 중요한 열쇠이다. 사회에 첫발을 내딛는 청년들에게는 특히 입사 면접 등 다양한 만남에 대비한 자신만의 비법이 필요하다. 오늘 당신은 누구에게 어떤 인상을 남길 준비가 되어 있는가!

경청득심(敬聽得心)이다

**"상대방의 마음을 얻으려면,
먼저 그의 말을 진심으로 들어주어라."**

− 데일 카네기(Dale Carneqie) −

'경청'은 호암 이병철 삼성그룹 창업주가 후손들에게 늘 강조했던 경영철학이다. '경청득심(敬聽得心)'은 '들음으로써 마음을 얻는다'라는 뜻으로, 귀와 마음을 기울여 상대의 말을 들음으로써 화자의 마음을 얻고 나아가 고통과 즐거움을 함께하는 공동체가 됨을 이르는 말이다.

오늘날처럼 복잡하고 경쟁적인 사회에서 경청은 단순한 예의범절을 넘어 인간관계의 핵심 덕목으로 작용한다. 경청득심은

인간관계의 지혜, 경청득심

개인의 성장과 성공은 물론 공동체의 조화에 크게 기여한다. 말을 조리 있게 잘하는 사람이 지식 많은 사람이라면, 상대의 말을 귀 기울여 듣는 사람은 지혜로운 사람이라고 할 수 있다.

경청은 단순히 소리를 '듣는 것'에 그치지 않는다. 귀뿐만 아니라 마음으로 받아들이고, 상대가 전하려는 의미와 감정을 존중하는 태도이다. 따라서 경청은 수동적인 청취가 아니라 적극적이고 능동적인 참여 행위이다. 상대방의 말 속에 담긴 맥락과 심중을 이해하려는 진지한 태도가 갖추어질 때, 사람들은 자신이 존중받고 있다는 확신을 가지며 마음을 열게 된다. 바로 이 시점에서 '득심'이 발생한다.

경청이 중요한 이유는 명확하다. **첫째, 인간은 누구나 자신의 이야기를 들어주길 원하며 존중받고 싶어 한다. 둘째, 경청은 갈등 해소의 열쇠이다.** 대부분의 오해는 '제대로 듣지 않음'에서 비롯되기에, 끝까지 들어주는 것만으로도 공감을 형성할 수 있다. **셋째, 경청은 협력과 소통을 증진시킨다.** 조직에서 리더가 구성원의 목소리를 수렴해야 올바른 의사결정이 가능하다. 결국 경청은 신뢰를 구축하고 사회적 자본을 확장하는 가장 확실한 방법이다.

이를 실천하기 위해서는 마음가짐과 행동이 어우러져야 한다. 대화 중에는 딴생각을 자제하고 온전히 상대에게 주의를 기울여야 한다. 고개를 끄덕이거나 시선을 맞추는 신체 언어는 적극적인 메시지가 된다. "그렇군요, 이해됩니다"와 같은 공감적 언어와 적절한 질문은 상대가 더 깊은 이야기를 하도록 유도한다. 특히 말을 다 듣기 전에 성급히 평가하거나 반박하지 않고 끝까지 수용하는 자세가 필요하다.

역사적 사례 속에서도 경청득심의 가치는 빛난다.

공자는 늘 질문을 던지고 제자들의 말을 끝까지 듣는 태도로 그들의 마음을 얻었다. 조선의 세종대왕 역시 집현전을 설치해 신하들의 목소리를 귀담아들었기에 한글 창제와 같은 혁신적 업적을 이룰 수 있었다.

독일의 철학자 헤겔은 "마음의 문을 여는 손잡이는 안쪽에 있다"라고 했다. 내가 먼저 귀를 열고 다가가야 상대의 마음도 열린다는 의미이다. 인류 역사상 가장 넓은 영토를 점령했던 칭기즈 칸은 이렇게 말했다. "나는 내 이름도 쓸 줄 몰랐지만, 남의 말에 귀 기울여 현명해지는 법을 배웠다. 내가 듣고 있으면 이득을 얻고 내가 말을 하고 있으면 남이 이득을 얻는다."

아라비아 속담에도 이와 똑같은 지혜가 담겨 있다. 관심의 출발은 상대의 말을 얼마나 성의 있게 듣느냐에서 시작된다.

현대 경영에서도 스티브 잡스 같은 리더들이 엔지니어들의 의견을 귀담아들으며 혁신을 이루어냈고, 정치 영역에서도 국민의 목소리를 듣는 리더만이 지지를 얻는다. 이는 시대와 공간을 불문하고 경청이 리더의 필수 덕목임을 보여준다.

직원의 발언을 경청하는 잡스

오늘날 우리는 디지털 기기의 홍수 속에서 소통보다 '발신'에 치중하는 경향이 있다. 자기주장은 넘쳐나지만 타인의 이야기를 들으려는 태도는 부족하다. 이런 시대일수록 경청의 가치는 더욱 빛난다. 가정에서 부모가 자녀의 말을 경청할 때 자녀는 자존감을 느끼며, 조직에서는 창의적 혁신의 원동력이 된다.

경청득심은 타인의 존엄을 존중하는 행위이자 자신을 성장시키는 길이다. 일상에서 조금만 더 상대의 이야기에 집중하고 공감한다면 불필요한 갈등은 줄어들고 신뢰는 깊어질 것이다. 지금부터라도 타인의 말을 경청하는 습관을 기르자. 그러면 더 많은 친구를 얻게 되고, 더 많은 것을 배우며, 성과 또한 뒤따르게 될 것이다.

✴

세상에 공짜 점심은 없다

"봄에 씨 뿌리지 않으면 가을에 후회한다."

– 주자(朱子) –

"세상에 공짜 점심은 없다(There is no such thing as a free lunch)"라는 말은 경제학자 밀턴 프리드먼이 대중화한 격언이다. 단순한 진리 같지만, 그 속에는 삶의 복잡한 이치와 심오한 철학이 담겨 있다. 이는 어떤 선택이나 행동에는 반드시 상응하는 기회비용(Opportunity cost)과 보이지 않는 대가가 따른다는 점을 강조한다. 표면적으로는 공짜처럼 보일지라도 그 뒤에는 반드시 누군가의 희생이나 자원 소모, 혹은 미래의 지불이 숨어 있다는 뜻이다.

이 격언의 핵심은 기회비용에 있다. 어떤 대안을 선택함으로써 포기하게 되는 다른 가치를 의미한다. 가령 공짜 점심을 먹기로 했다면, 그 시간에 다른 일을 하거나 더 유익한 사람을 만날 기회를 포기한 셈이다. 이처럼 모든 선택에는 반드시 포기하는 것이 존재하며, 이것이 바로 '공짜 점심'의 보이지 않는 대가이다.

또한 이는 자원의 희소성과도 연결된다. 누군가에게 점심을 제공하기 위해 투입된 재료, 노동력, 시간은 다른 곳에 쓰일 수 있었던 자원이다. 정부의 무상 복지 역시 마찬가지이다. 표면적으로는 혜택이지만 그 비용은 결국 세금이라는 형태로 국민 전체가 부담하며, 다른 공공 부문에 쓰일 수 있었던 기회비용을 내포한다.

베푼 만큼 돌아오는 No free Lunch

이 격언은 경제적 영역을 넘어 우리 삶의 모든 관계와 행동에도 적용된다. 필자는 이 의미를 삶의 중심에 두어야 한다고 생각한다. 누군가가 베푼 친절이나 호의도 사실은 공짜가 아니다. 상대는 자신의 시간과 감정, 노력을 투자한 것이며, 우리는 그에 대한 고마움이나 보답할 책임이라는 '보이지 않는 빚'을 지게 된다. 거래에는 상호성의 원칙이 있어, 호의를 받았을 때 우리는 자신도 모르게 대가를 돌려줘야 한다는 책임감을 느끼게 된다.

공짜가 없다는 사실을 보여주는 우스개 사례도 있다.

한 부자가 익명으로 배달된 뮤지컬 티켓 두 장으로 즐거운 공연 관람을 하고 돌아왔더니, 집안은 난장판이 되어 있고 귀중품은 모두 사라져 있었다. 거실에 놓인 쪽지에는 "이제 주인공이 누군지 아시겠죠? 제 이름은 도둑입니다"라고 적혀 있었다.

부동산 시장에서도 비슷한 이야기가 있다. 평소 공인중개사 지인에게 점심을 자주 사며 신뢰를 쌓은 사람은, 훗날 그 중개사가 건네는 결정적인 급매물 정보로 큰 수익을 얻기도 한다. 평소의 작은 점심값이 로또가 되어 돌아온 셈이다.

"세상에 공짜가 없다"라는 속담은 필자가 칠십 평생 다양한 직종과 단체에서 경험하며 터득한 교훈이다. 누군가에게 도움을 주기도 하고 많은 지인에게 도움을 받으며 살아왔다. 이러한 인생의 빚은 언젠가 갚아야 할 숙제이며, 그래야 마음이 편하다.

필자가 퇴직 후 작은 농장에서 유기농사를 지으며 생산량의 절반을 지인들에게 보내는 것도, 그간 신세 진 마음에 대한 본능적인 보답이라 생각된다.

개인의 성취도 동일하다. 천재적인 재능을 가진 듯 보이는 사람도 사실은 피눈물 나는 노력과 실패를 거듭한 대가를 치른 결과이다.

또한 '공짜 점심'을 믿는 사회는 위험하다. 공짜라는 인식은 자원의 소중함을 잊게 하여 낭비를 초래하고, 노력 없이 이익만 취하려는 무임승차자(Free rider)를 양산한다. 이는 성실하게 책임지는 사람들의 사기를 꺾고 사회 전반의 도덕성을 떨어뜨린다.

결국 이 격언은 삶의 모든 선택에 내재된 책임과 대가를 일깨워주는 통찰이다. 어떤 것도 쉽게 얻어지지 않으며, 모든 행동에는 결과가 따른다. 이를 이해하는 것은 허황된 기대를 버리고 현실적인 노력을 하게 만드는 지혜이며, 공정한 사회 시스템을 구축하는 토대이다.

대인관계에 있어서도 이해관계를 너무 따지지 말고 베풀 수 있을 때 충분히 베풀어라. 누군가의 절박한 요청을 도울 수 있는 선에서 도와준다면, 상대는 그 은혜를 평생 잊지 못할 것이다. 이러한 마인드는 결과적으로 대인관계의 폭을 넓힌다. 미래를 위해 '공짜 점심'을 기꺼이 투자하자.

'신뢰'는 '산'도 옮길 수 있다

"진실과 신뢰는 모든 관계의 기초가 된다."

– 윌리엄 워즈워스(William Wordsworth) –

인간은 사회적 존재로서 타인과 관계를 맺으며 협력하고 교류한다. 그 과정에서 관계의 질을 결정하는 핵심 요소가 바로 '신뢰'이다. 신뢰란 상대방이 나를 배신하지 않고, 언행을 일치시키며, 약속을 지킬 것이라는 믿음이다. 이는 단순한 감정적 기대를 넘어 관계를 지속시키는 사회적 자본이자 도덕적 토대이다.

가족과 친구, 직장 동료, 나아가 국가와 국민 간의 관계까지 모든 인간관계의 바탕에는 신뢰가 있다. 신뢰가 무너지면 관계는 갈등으로 흔들리고 협력 자체가 불가능해진다. 따라서 신뢰를 유지하고 강화하는 해법을 모색하는 일은 개인적 차원을 넘어 사회 전체의 건강성과 직결되는 문제이다.

신뢰는 인간관계의 시작이자 끝이다. 관계 초기에 형성된 신뢰는 이후의 상호작용을 규정하며, 갈등 발생 시 이를 해결하는 완충 장치 역할을 한다. 신뢰가 두터우면 상대의 실수를 관대하게 받아들일 수 있지만, 불신이 깔려 있으면 작은 실수조차 배신으로 오해받기 쉽다.

또한 현대사회의 복잡한 난제들을 해결하려면 구성원 간의 협력이 필수적인데, 이는 강제적인 계약만으로는 유지될 수 없으며 신뢰라는 심리적 기반이 있어야 가능하다. 신뢰는 정서적 안정에도 큰 영향을 미쳐 삶의 만족도를 높이는 반면, 불신은 고립감과 관계의 단절을 초래한다.

사회학자 퍼트남(R. D. Putnam)은 신뢰를 '사회적 자본(Social Capital)'의 핵심 요소로 보았다. 신뢰가 높은 사회일수록 협력적 네트워크가 풍부하게 형성되어 민주주의가 원활히 작동하고 경제 발전도 촉진된다. 개인 차원의 신뢰가 곧 사회 전체의 역량으로 확장되는 것이다.

신뢰는 단기간에 형성되지 않는다. 지속적인 상호작용 속에서 점진적으로 축적되며, 일관된 태도를 통해 성장한다. 이를 유지하기 위해 필자는 다음 원칙들을 강조하고자 한다.

불가능을 가능하게 하는 신뢰

첫째, 정직과 일관성이다. 신뢰는 위선 위에 세워질 수 없다. 작은 거짓말도 반복되면 관계의 근간이 무너진다. 상황에 따라 태도를 바꾸지 않는 일관성이 필수적이다.

둘째, 약속의 준수이다. 약속은 신뢰의 시험대이다. 사소한 약속을 지키는 것은 상대에게 존중의 메시지를 전달한다. 고 정주영 회장의 사례가 이를 잘 보여준다. 젊은 시절 쌀가게 배 달원이었던 그는 눈비가 와도 정직하게 약속을 지켰다. 훗날 그가 자동차 정비소를 차렸다가 화재로 모든 것을 잃었을 때, 그를 믿었던 이웃들이 발 벗고 나서서 재기를 도왔다. 일관된 정직과 약속 이행이 만든 두터운 신뢰 덕분이었다.

셋째, 상호 존중과 공감이다. 상대의 입장을 이해하려는 공감적 태도는 갈등 상황에서 신뢰를 회복하는 큰 힘이 된다.

넷째, 투명한 소통이다. 불필요한 은폐는 불신을 낳으므로 의사소통이 솔직할수록 오해는 줄어든다.

반대로 반복적인 거짓말, 관계보다 사익을 앞세우는 태도, 책임 회피 등은 신뢰를 한순간에 무너뜨린다. 인간은 상처를 기억하기에 한 번 깨진 신뢰를 회복하기란 극도로 어렵다. 따라서 예방이 무엇보다 중요하다. 이를 위해 작은 약속부터 성실히 지키는 습관을 지녀야 하며, 실수가 발생했을 때는 변명보다 진솔한 사과로 책임을 인정해야 한다.

또한 공동의 목표를 수행하며 서로 의존하는 경험을 쌓고, 장기적인 관점에서 관계를 바라보는 지혜가 필요하다. 대학을 졸업하고 사회라는 새로운 세상에 나오면 다양한 관계를 맺게 된다. 좋은 첫인상에서 출발하여 신뢰를 형성해야 건강한 관계가 유지된다.

사회생활을 시작한 후 만난 사람들과 어느 정도의 신뢰를 쌓았는지 스스로 평가해 보자. 그리고 앞으로 만날 사람들을 위해 신뢰를 높일 수 있는 구체적인 목록을 만들어 실천하는 습관을 들이자. 대인관계에서 신뢰를 통해 불가능의 벽을 넘어보길 권한다.

결국 인간관계에서 신뢰란 보이지 않는 계약이자 관계를 지탱하는 가장 강력한 힘이다. 신뢰는 공감, 소통과 함께 삶의 격랑을 극복하기 위한 가장 소중한 자산이다. 작은 약속부터 신뢰를 실천하여 건강한 공동체의 일원이 되자.

영원한 친구도 영원한 적도 없다

"친구를 가까이 두고, 적은 더 가까이 두어라."

― 마키아벨리(Machiavelli) ―

"영원한 우방도 영원한 적도 없다"라는 외교계의 오랜 속담이다. 이 원칙은 이해관계가 얽힌 국가 간의 상황뿐만 아니라 개인적인 관계에서도 공동의 적이 나타나면 원수끼리도 협력하게 된다는 의미를 담고 있다.

인류 역사에 나타나는 합종연횡(合從連橫)은 고전 소설 속 이야기만이 아니라 오늘날에도 흔히 목격되는 현상이다. 이처럼 친구와 적의 개념은 이해관계에 따라 시시각각 변하는 가변적인 성격을 지닌다. 세상을 살다 보면 관계가 얼마나 변화무쌍한지 실감할 때가 많다. 죽마고우가 남보다 못한 사이가 되기도 하

고, 원수처럼 지내던 사람과 화해하여 인생의 동반자가 되기도
한다.

인간은 고정된 존재가 아니기에 마음은 변하고 상황은 달라
진다. 삶이란 끊임없이 흐르는 강물과 같아서 관계 역시 쉼 없
이 요동친다. 따라서 우리는 사람과의 관계를 영원불변한 것으
로 착각해서는 안 된다. 이는 개인적 차원뿐만 아니라 사회와
국가 관계에서도 동일하게 적용된다.

역사 속에서 이 진리는 수없이 증명되었다. 미국은 영국과
독립전쟁을 치르며 등장했으나 오늘날 가장 가까운 동맹이 되
었고, 프랑스와 독일은 숙적이었으나 현재는 유럽연합을 함께
이끄는 형제 국가가 되었다. 한반도 역사에서도 고려와 거란은
전쟁 후 사신을 주고받았으며, 조선과 일본은 임진왜란의 상처
이후에도 통신사를 통해 교류를 이어갔다. 그 어떤 적대관계도
이해관계 앞에서는 영원하지 않았던 것이다.

이러한 변화무쌍함은 인간관계에서도 뚜렷하다. 신뢰가 깨지
면 친구도 등을 돌리고, 오해가 풀리면 원수와도 화해가 가능
하다. 감정은 절대적인 것이 아니라 상황과 환경, 그리고 서로
의 선택에 의해 달라지기 때문이다. 심리학적으로도 '내 편'과
'네 편'의 경계는 생각보다 쉽게 바뀐다.

변화무쌍한 인간관계

　이러한 관점을 받아들인다면 인간관계에서의 지나친 집착이나 원한을 줄일 수 있다. 우정을 당연하게 여기지 않고 더 소중히 대하게 되며, 적대적인 사람에게도 화해의 가능성을 열어두어 증오의 감옥에 스스로를 가두지 않게 된다. 인생에서 진정 중요한 태도는 절대적인 우정이 아니라 상황에 맞는 유연함과 관용이다.

　현대사회에서도 이 말은 유효하다. 국제 정치에서 국가는 감정이 아닌 이익을 따라 움직인다. "영원한 동맹도 적도 없다. 영원한 것은 국가의 이익뿐이다"라는 외교관들의 말처럼, 기업 세계에서도 경쟁과 협력은 공존한다. 애플과 삼성은 법정에서 치

열하게 다투면서도 서로에게 핵심 부품을 공급하는 협력 관계를
유지하고 있다. 결국 이 말은 인간과 사회의 본질을 꿰뚫는 통찰
이며 필자는 여기서 세 가지 교훈을 얻을 수 있다고 본다.

**첫째, 관계의 가변성을 인정하고 변화를 두려워하지 말아야
한다.**
둘째, 감정 너머의 상황과 맥락을 읽을 줄 알아야 한다.
**셋째, 화해의 가능성을 열어두고 관용의 태도로 사람을 대할
때 삶은 더 지혜롭고 평화로워진다.**

적과 아군의 구분이 모호한 사회생활에서 지혜로운 처신은
무엇인가? 지금은 불편한 경쟁 대상일지라도 언젠가는 동료나
협력자가 될 수 있음을 기억해야 한다. 상대에게 상처를 남기
는 언행은 피하고, 비록 경쟁 관계일지라도 깨끗한 매너와 정
직한 태도로 좋은 이미지를 남기는 것이 바람직하다. 대인관
계는 이번 만남으로 끝나는 것이 아니라 언젠가 다시 만난다는
생각으로 임해야 한다.

인간사는 만남과 헤어짐의 연속이다. 영원히 같은 자리에 머
무는 우정도, 끝내 풀리지 않는 적대관계도 없다. 오직 변하는
관계 속에서 우리가 얼마나 지혜롭게 대응하느냐가 삶의 질을
좌우한다. 그러므로 이 격언을 단순히 처세의 지혜를 넘어 하

나의 철학적 태도로 삼아야 한다. 그간 미워했던 사람이 언젠가는 친구가 될 수 있다는 열린 마음으로 그를 다시 바라보자!

소신과 고집의 조화

"고집은 자아의 감옥이다."

— 에픽테토스(Epictetus) —

인간의 사고와 행동에는 이성적 판단과 감정적 집착이 복합적으로 작용한다. 특히 '소신(所信)'과 '고집(固執)'은 개인의 의사결정과 사회적 관계에 지대한 영향을 미친다. '소신'은 신념을 바탕으로 옳다고 믿는 길을 지키는 태도이나, '고집'은 이성적 근거 없이 자기 생각만을 밀어붙이는 배타적 태도이다. 두 개념은 유사해 보이지만, 사회적 결과와 관계의 질에서 근본적인 차이를 낳는다.

오늘날 사회는 다원적 구조를 지니고 있어 소신과 고집을 구분하지 못하면 갈등이 증폭된다. 이에 필자는 양자의 개념을 정의하고 충돌 시의 해결책을 심층적으로 탐구하고자 한다.

소신은 '옳다고 믿는 바를 지키는 일관된 신념'이다. 이는 칸트의 도덕적 자율성(Moral autonomy)과 유사하게 외부 압력에 휘둘리지 않고 이성적 판단에 따라 행위를 선택하는 태도이다. 소신의 특징은 판단 근거가 합리적이며, 새로운 논거가 제시되면 입장을 수정할 수 있는 유연성을 갖춘다는 점이다. 또한 개인의 이익보다 공동체의 선과 정의를 지향한다.

반면 고집은 심리학적으로 '확증 편향(Confirmation bias)'과 관련이 깊다. 자기 믿음을 유지하기 위해 반대 증거를 무시하고 유리한 정보만 수용한다. 근거보다 감정적 집착이 우선하며, 타인의 의견을 거부하고 대화보다는 대립을 선호한다. 이는 자신의 체면과 자존심을 지키려는 심리적 방어 기제의 발현이기도 하다.

현실에서 소신은 대화를 통해 더 나은 대안을 찾으려 노력하지만, 고집은 자기주장만을 반복하며 소통을 단절시킨다. 조직 내에서 이들이 충돌하면 의사결정이 지연되고 감정싸움으로 번져 협력 관계가 깨지며, 법적 분쟁이나 파업 등 막대한 사회적 비용을 초래하게 된다.

이러한 충돌을 해결하기 위해선 다각도의 방안이 필요하다. 개인적으로는 자신의 주장이 합리적 근거에 기반했는지 성찰하고, 상대의 필요를 이해하려는 유연성을 가져야 한다.

조직 차원에서는 브레인스토밍이나 델파이기법 등 합리적 의사결정 시스템을 도입하고 제3자의 중재를 활용해야 한다. 사회적으로는 토론 문화와 분쟁 해결 시스템을 마련하고 의사소통 교육을 강화해야 한다.

소신과 고집의 지혜로운 조화

소신과 고집이 충돌한 역사적 사례는 미래를 위한 교훈을 준다.

세종대왕은 훈민정음 창제라는 확고한 소신이 있었으나 신하들의 반대를 무시하지 않았다. 끊임없이 경청하고 보완책을 마련함으로써 사회적 합의를 끌어냈다.

반면 19세기 후반 조선의 위정척사파와 개화파는 합의점을 찾지 못한 채 대립했고, 이러한 고집스러운 태도는 국가적 위기를 심화시켰다.

간디는 비폭력·불복종이라는 소신을 끝까지 유지하여 인도의 독립을 이끌었다. 이는 소신이 원칙의 고수로 세상을 변화시킬 수 있음을 보여준다.

오늘날 정치, 노동, 교육, 기업 경영 등 다양한 분야에서 소신과 고집의 충돌이 나타난다. 예를 들어, 사회 개혁 정책을 추진할 때 개혁 세력은 소신을 강조하지만 반대 세력은 이를 고집으로 비난한다. 반대로, 과거의 낡은 제도를 지키려는 집단은 고집을 소신으로 포장하기도 한다. 따라서 다음과 같은 분별력을 가져야 한다.

- **근거 있는 주장인가?**
- **공동체 전체의 이익을 위한 주장인가?**
- **대화와 타협의 여지가 열려 있는가?**

이 세 가지 기준을 통해 소신과 고집을 구분할 수 있다.

이론적으로는 명확하나 실제 현장에서 소신과 고집을 구분하기란 쉽지 않다. 관점에 따라 소신도 고집으로 인식될 수 있기 때문이다. 따라서 성공적인 소통을 위해서는 소신론자라 할지라도 적절한 유연성을 발휘해야 한다. 늘 소신 있는 사람으로만 평가받으려는 강박에 빠지면, 그 소신이 오히려 고집으로 비칠 수 있음을 경계해야 한다.

소신은 변화를 이끄는 힘이지만 고집은 발전을 저해한다. 열린 소신은 문명을 발전시키고 폐쇄적 고집은 몰락을 부른다. 우리 사회가 나아가기 위해서는 소신과 고집을 분별하고, 대화와 타협으로 문제를 해결하는 지혜를 길러야 한다.

07

긍정적인 습관이 경쟁력이다

'적자생존'이다

"인생은 경험의 기록이다."

— 에이브러햄 링컨(Abraham Lincoln) —

'적자생존'은 다윈의 진화론이 아니라, 적는 자가 살아남고 경쟁에서 이긴다는 의미이다. 인간의 기억력에는 한계가 있기에 메모는 그 한계를 보완하는 가장 확실한 도구이다. 역사를 돌아보면 위대한 문명은 모두 기록에서 시작되었다. 메소포타미아의 점토판부터 조선왕조실록까지, 기록은 인류가 지식을 전승하고 경험을 축적해 온 증거이다.

정보화 시대에 방대한 지식 속에서 필요한 것을 잊지 않고 활용하는 방법은 오직 기록뿐이다. 이는 개인의 생산성을 높이고 사고를 정리하며 창의력을 증진시키는 핵심 도구이다. 인간의 뇌는 무한한 저장 장치가 아니다. 심리학자 헤르만 에빙하우스의 연구에 따르면 사람은 학습 24시간 후 약 70%를 망각한다. 메모는 이 망각을 보완하는 가장 강력한 수단이다.

또한 메모는 기억을 강화한다. 뇌과학자 제임스 패터슨은 손으로 쓰는 행위가 뇌의 해마를 자극해 장기 기억 저장을 돕는 '기록효과'를 밝혔다. 메모는 일정과 과제를 잊지 않게 돕는 보조 장치이자, 복잡한 문제를 시각화하는 사고 정리 도구이다. 나아가 찰나의 생각을 붙잡아 창의성을 촉진하고, 업무 우선순위를 명확히 하여 성과를 높이며, 성찰을 통해 개인의 성장을 돕는다.

기록으로 남겨진 위대한 문명

역사적으로 메모는 혁신과 성공을 이끈 도구였다. 천재 레오나르도 다빈치는 7,000페이지가 넘는 노트를 남기며 발명과

예술을 동시에 발전시켰고, 발명왕 토머스 에디슨은 3,500권의 실험 노트를 작성하여 수천 개의 특허를 얻었다.

오늘날 리더와 창업가들도 메모 습관을 강조한다. 빌 게이츠는 머릿속 생각이 적어두어야 현실로 이어질 가능성이 커진다고 말했으며, 워런 버핏은 투자 아이디어가 떠오를 때마다 기록하고 매년 주주 서한을 통해 자신의 철학을 정리한다. 일본의 경영 구루 마쓰시타 고노스케 역시 매일 반성 노트를 작성하며 지혜를 축적했다.

이처럼 기록은 생각의 자산을 만드는 행위이며 칸트, 니체, 정약용, 잡스 등 위대한 리더들은 모두 메모광이었다.

메모를 습관으로 만들기 위해서는 의도적 훈련이 필요하다.

첫째, 순간의 생각을 즉시 적을 수 있도록 노트나 메모 앱을 항상 휴대해야 한다.

둘째, 하루 시작 전 할 일을 적고 끝날 때는 성찰을 기록하는 루틴을 만든다.

셋째, 길게 쓰기보다 핵심 키워드 중심으로 작성하여 필요할 때 확장한다.

넷째, 주기적으로 메모를 다시 읽고 아이디어를 체계화하는 과정에서 새로운 통찰을 얻는다.

다섯째, 긴 글 정리에는 디지털 도구를, 즉흥적인 생각에는 손글씨를 병행하는 것이 효율적이다.

필자도 일찍이 메모 습관의 중요성을 인식하고 군대나 대학의 제자들에게 인생 성공의 필수 조건이라 강조해 왔다. 하지만 필자 자신의 습관은 아직 만족할 만한 수준에 이르지 못했다.

과거 현역 시절, 행정고시와 사법고시를 모두 패스한 모 청장과 친선 골프를 한 적이 있었다. 혁신적인 마인드를 지닌 그는 메모광으로도 유명했다. 그는 골프 중에도 중요한 내용을 틈틈이 기록했으며, 심지어 그린 위에서 퍼팅을 하다 말고 동반자들에게 양해를 구한 후 메모를 하기도 했다. 동반자 3명이 기다리는 상황에서 행동을 멈추고 메모를 한다는 것은 보통의 의지로는 어려운 일이다. 이처럼 어떤 상황에서도 메모할 수 있는 습관을 들이는 것이 바람직하다.

개인의 메모 습관이 발전하면 조직 전체의 지식 관리 수준도 높아진다. 기업이 남기는 회의록과 업무일지는 후속 세대가 실수를 반복하지 않게 하고 조직의 경쟁력을 유지하는 데 기여한다.

메모하는 습관은 삶의 속도를 늦추고 내면과 온전히 마주하는 시간이다. 독자 여러분도 오늘부터 작은 수첩이나 스마트폰에 생각의 조각들을 기록하며 삶의 주도권을 되찾길 바란다. 작은 변화가 큰 성과를 이룰 수 있음을 기억해야 한다.

긍정적인 말 한마디가 기적을 낳는다

**"당신이 내뱉은 모든 말은 당신의 미래를 결정한다.
긍정적인 말을 사용하라,
그러면 당신의 미래가 펼쳐질 것이다."**

– 랄프 왈도 에머슨(Ralph Waldo Emerson) –

우리 선조들은 "말 한마디로 천 냥 빚을 갚는다"라고 했다. "가는 말이 고와야 오는 말이 곱다"라는 속담처럼 사람의 말은 지극히 중요하다. 말이 바뀌면 생각이 바뀌고 행동이 변하며, 결국 운명까지 바꿀 수 있기 때문이다. 예일대 존 바그(John Bargh) 교수의 실험은 이를 잘 보여준다. 노인과 무례함을 연상시키는 단어는 뇌에 부정적 영향을 미쳐 동작을 느리게 만들고, 예의 바름을 연상시키는 단어는 긍정적 행동을 촉진한다는 사실을 밝혀냈다.

말의 힘으로 기적을 이뤄낸 사례는 현실에서도 나타난다. 2016년 리우 올림픽 펜싱 결승전에서 박상영 선수는 한 점만 더 내주면 패배하는 절박한 상황에서 역전승을 거두었다. 이 극적인 반전을 이끈 것은 "할 수 있다"라는 한마디였다. 관중석에서 들려온 응원에 주문처럼 "할 수 있다"를 되뇌었던 박상영 선수의 모습은 말의 힘이 단순한 격언을 넘어 실질적인 변화를 일으키는 에너지임을 증명했다.

말은 단순한 의사소통 도구를 넘어 사람의 마음과 행동에 직접적인 영향을 미친다. 긍정적인 말은 상대방의 장점과 가능성을 인정하고 미래에 대한 희망을 불어넣는 언어적 표현이다. 이는 단순히 칭찬에 국한되지 않고 실패의 순간에도 다시 일어설 용기를 주는 힘을 포함한다. "너라면 할 수 있어", "괜찮아, 다시 하면 돼"와 같은 표현은 상대의 마음을 안정시키고 새로운 도전을 시도하게 만든다.

뇌과학적으로도 긍정적인 말은 보상 회로를 활성화한다. 심리학자 바바라 프레드릭슨의 이론에 따르면 긍정적 정서는 개인의 사고를 확장하고 더 창의적이며 개방적인 사고를 하도록 유도한다. 긍정적 언어는 도파민과 옥시토신 분비를 촉진해 행복감과 신뢰를 높이는 반면, 부정적 언어는 스트레스 호르몬인 코르티솔 분비를 늘려 긴장과 불안을 유발한다. 이처럼 긍정적인 말은 뇌의 화학적 변화를 통해 행동과 관계에 장기적인 영향을 미친다.

이러한 말은 관계의 윤활유가 된다. 가정에서 부모의 격려는 자녀의 자존감을 높이고, 직장에서 상사의 긍정적인 피드백은

기적도 만들어내는 긍정적인 말

직원의 몰입도와 생산성을 향상시킨다. 역사 속에서도 긍정적인 말의 힘은 여러 차례 증명되었다.

링컨 대통령은 남북전쟁의 위기 속에서도 희망의 메시지로 민심을 하나로 모았고, 마틴 루터 킹 목사의 연설은 인종차별 극복의 결정적인 동력이 되었다. 코로나19 팬데믹 시기에 의료진에게 전한 "덕분에" 캠페인 역시 사회 전반에 감사와 연대 의식을 확산시켰다.

긍정적인 말을 생활화하기 위해서는 다음과 같은 의도적인 노력이 필요하다.

첫째, 하루에 최소 한 번 이상 주변 사람에게 칭찬이나 격려

의 말을 건네는 습관을 만든다.

둘째, 자신에게도 긍정적인 말을 건네어 자기효능감을 높인다. "나는 할 수 있다", "나는 충분히 가치 있는 사람이다"라는 자기 암시를 반복하는 방식이다.

셋째, 비난 대신 해결책 중심의 언어를 사용한다. "왜 그렇게 했어?" 대신 "어떻게 하면 더 좋을까?"라고 질문을 바꾸는 것이다.

넷째, 학교나 직장 등 공동체에서 긍정 언어 캠페인을 전개하여 이를 집단적 문화로 자리 잡게 한다.

긍정적인 말 한마디는 사람의 마음을 움직이고 사회를 변화시키는 씨앗이다. 부정적인 말이 사람을 무너뜨린다면, 긍정적인 말은 사람을 세우고 기적을 만든다. 우리가 일상에서 긍정적인 언어를 선택할 때, 나 자신뿐만 아니라 주변 사람들의 삶에도 긍정적인 변화가 시작된다. 결국 긍정적인 말은 단순한 격려를 넘어 사람과 사회를 건강하게 만드는 강력한 실천이다.

08

부모로부터의 독립은 빠를수록 좋다

"자립은 자유의 필수적인 조건이다."

— 헤르베르트 폰 카라얀(Herbert von Karajan) —

오늘날 청년 문제는 개인을 넘어 국가적 과제로 부상하고 있다. 특히 성인이 되어서도 부모의 경제적 · 정서적 울타리에 머무는 '캥거루 자녀' 현상은 우리 사회에 상당한 영향을 미친다. 원래 성인 자녀는 학업을 마치고 경제적 자립을 통해 독립하는 것이 이상적 경로였으나, 최근 이러한 전환이 점점 늦어지며 부모 집에 장기 거주하는 청년들이 증가하고 있다.

'캥거루 자녀'라는 용어는 호주의 캥거루 새끼가 어미 주머니 속에서 보호받는 모습에서 차용되었으며, 1990년대 외환위기 이후 대중화되었다. 우스갯소리로 호주 캥거루 종친회(!)에서 강력히 항의했다는 이야기가 있다. 자신들은 새끼를 단 1년만 보호하는데, 한국은 기준 없이 자녀를 평생 보호하며 캥거루의 원칙 있는 모성애를 모독했다는 주장이다.

웃어넘길 소리지만 필자는 꽤 일리 있는 지적이라 생각한다. 캥거루 자녀 현상은 단순히 개인의 성향 문제가 아니라 청년 실업, 고용 불안, 주거비 상승 등 우리 사회의 복합적인 구조적 문제가 반영된 결과이기 때문이다.

통계청의 2024년 사회조사에 따르면 만 19~34세 청년의 52%가 여전히 부모와 동거 중이다. 특히 30대 초반의 동거 비율이 꾸준히 증가하고 있는데, 이는 OECD 평균과 비교해도 높은 수준이다.

유럽연합(EU)의 독립 연령이 평균 20대 중반인 데 반해 우리는 남녀 모두 30세를 넘어선다. 가장 큰 이유는 주거비 부담(40%)과 불안정한 소득(35%)이다. 수도권 전세 보증금이 청년 연평균 소득의 6~8배에 달하는 현실에서 청년들이 독립을 계획하기란 구조적으로 쉽지 않다.

그러나 경제적 독립보다 더 절실한 것은 정신적 독립이다. 필자가 객원교수 시절, 자녀의 성적을 올려달라며 항의 전화를 하는 어머니들을 경험한 적이 있다.

이러한 간섭은 직장 생활까지 이어진다. 자녀의 야근에 항의하거나 부서 회식비를 내겠다는 부모가 있는가 하면, 출장 명

령에 "엄마에게 물어보겠다"라고 답하는 직장인도 있다. 이는 도선사가 항계(Harbour limit)에서 하선하지 않아 선장이 아닌 도선사가 주도하는 비정상적인 항해가 이어지는 것과 같다.

부모로부터 독립하지 못한 자녀

자녀 독립이 빠를수록 좋은 이유는 명확하다.

개인적인 측면에서 살펴보면 **첫째, 세대 간 갈등이 감소한다.** 장기 동거는 생활 방식과 경제적 부담으로 갈등을 유발하기 쉽지만, 독립은 서로를 독립된 인격체로 존중하게 만든다.

둘째, 부모의 노후가 안정된다. 자녀에 대한 지속적인 지원은 부모의 은퇴 준비를 저해하므로 빠른 독립은 부모의 재정적 부담을 줄여준다.

셋째, 가족 관계의 질이 향상된다. 독립 이후의 만남은 서로의 삶을 존중하는 긍정적인 관계를 유지하게 하는 계기가 된다.

사회적 측면에서도 긍정적이다.

첫째, 저출산·고령화 문제를 완화한다. 빠른 독립은 사회적 성인으로서의 안착을 도와 결혼 연령을 단축하고 출산율에 기여한다.

둘째, 청년 정책의 효과가 증대된다. 독립 의지가 있는 청년들에게 주거·고용 정책은 더 실효성 있게 작동한다.

셋째, 건강한 시민사회를 형성한다. 독립한 청년은 사회적 책임 의식을 체득하여 공동체적 삶에 적극적으로 참여하게 된다.

부모로부터의 독립

미국이나 북유럽 국가들은 우리보다 독립 연령이 훨씬 빠르다. 미국은 대학 진학과 동시에 독립하는 것이 일반적이며, 북유럽은 강력한 복지 시스템을 통해 청년의 자립을 지원한다. 반면 우리나라는 당사자가 위기의식을 느끼지 못하고 지연되는 측면이 크다. 자녀의 빠른 독립을 위해 정부는 주거 및 일자리 정책을 강화해야 하며, 가정에서는 과도한 지원이 자녀의 성장을 저해할 수 있음을 인식해야 한다. 청년 또한 독립을 사회적 성인으로 성장하는 필수 과정으로 받아들이는 주체적 노력이 필요하다.

결국 자녀의 빠른 독립은 우리 사회의 지속가능성을 위한 열쇠이다. 캥거루 신세가 길어질수록 정글 같은 사회의 치열한 경쟁에서 뒤처질 수밖에 없음을 청년들은 직시해야 한다. 선박이 출항할 때 도선사가 항계(Harbour limit)에서 하선하면 그 이후는 선장이 주도하여 험난한 뱃길을 헤쳐 나가야 하듯, 청년들도 부모의 품을 떠나 자기 인생의 키를 직접 잡아야 한다.

'막다른 골목'에서 탈출

"위기는 기회의 다른 이름이다."

– 존 F. 케네디(John F. Kennedy) –

인간은 누구나 실직, 파산, 관계 단절 등 삶의 벼랑 끝에 서는 '막다른 골목'을 경험한다. 이는 단순히 물리적 고립이 아니라 앞뒤가 모두 막힌 듯한 심리적 절망 상태를 의미한다. 그러나 역사와 심리학은 막다른 골목이 반드시 종착역은 아니라고 말한다. 오히려 그곳은 새로운 길을 찾거나 스스로 길을 만들어 나가는 결정적인 전환점이 될 수 있다. 이에 필자는 극한의 상황에서 생존하기 위한 심리적·행동적 전략을 탐구해 보고자 한다.

막다른 골목에서의 생존술은 현 상황을 정확히 이해하는 것에서 시작한다. 위기는 기존 질서가 무너지고 새로운 단계로 나아가기 위한 통과의례이자 성장통이다. 따라서 첫 단계는 공포에서 벗어나 현실을 직시하는 것이다. 빅터 프랭클(Viktor Frankl)은 아우슈비츠의 경험을 통해 상황은 바꿀 수 없어도 그에 대한 태도는 선택할 수 있다고 역설했다. 태도의 변화는 생존의 출발점이다.

전화위복의 막다른 골목길

이 책 Chapter 1에서 소개한 필자의 시련 역시 상황 자체를 변경할 수는 없었으나, 정의와 공정이라는 가치를 고수하는 태도를 선택함으로써 고귀한 가치를 지켜낼 수 있었다. 막다른 골목에서는 상황보다 내적 심리가 먼저 무너지기 쉬우므로 다음과 같은 심리적 생존 전략이 필요하다.

첫째, 감정의 인식과 수용이다. 부정적 감정을 억누르기보다 그대로 인정하고 기록하는 과정은 심리적 안정감을 회복하는 데 도움을 준다.

둘째, 희망 유지하기이다. 희망은 생존의 에너지이다. 작은 목표를 설정하고 달성함으로써 자기효능감을 회복해야 한다.

셋째, 관점의 전환(Reframing)**이다.** 막다른 골목을 새로운 길을 찾아야 하는 지점으로 재해석하는 인지적 전환이 문제 해결력을 높인다.

넷째, 의미 찾기이다. 로고테라피에 따르면 어떤 상황에서도 삶의 의미를 찾는 과정이 회복탄력성을 강화하는 동력이 된다.

역사적 사례로 임진왜란 당시 이순신 제독은 칠천량 해전의 참패로 단 12척의 배만 남은 국가 존망의 위기에 처했다. 그러나 울돌목의 지형과 조류를 활용하여 수적 열세를 우세로 전환했다. "살고자 하면 죽을 것이요, 죽고자 하면 살 것이다"라는 말로 병사들의 공포를 용기로 승화시킨 것은 심리적 반전을 통한 위기 극복의 전형이다.

심리적 생존이 확보되었다면 구체적인 행동 전략이 뒷받침되어야 한다.

첫째, 상황 분석과 정보 수집을 통해 객관적인 대응 옵션을 파악한다.

둘째, 생존에 가장 시급한 문제부터 해결하는 우선순위를 결정한다.

셋째, 단기·중기·장기 목표를 설정하는 문제해결 중심의 행동 계획을 세운다.

넷째, 전문가나 신뢰할 수 있는 사람에게 도움을 요청하는 지지체계를 활용한다. 고립은 위험을 증폭시키므로 관계 회복은 생존의 핵심이다.

심리학에서 회복탄력성은 위기에서 다시 일어서는 능력을 뜻한다. 연구에 따르면 회복탄력성이 높은 사람은 스트레스 상황에서도 더 빨리 균형을 회복한다. 회복탄력성을 기르기 위한 방법은 다음과 같다.

- **긍정적 감정 훈련**(감사 일기, 명상)
- **신체적 건강관리**(규칙적 운동, 수면, 영양)
- **미래지향적 사고**(실패 경험에서 배움 도출)
- **삶의 의미와 목표 재설정**

앞서 제시한 사례 외에도 역사적으로 수많은 인물들이 막다른 골목에서 생존하여 위대한 업적을 남겼다. 넬슨 만델라는 27년간의 투옥 끝에 남아공 대통령이 되었고, 헬렌 켈러는 시각과 청각 장애라는 극한 상황에서도 교육과 사회운동에 헌신했다. 이들의 공통점은 절망을 '끝'이 아니라 '전환점'으로 삼았다는 점이다.

　삶의 막다른 골목은 누구에게나 찾아올 수 있으나, 그것은 파멸이 아닌 자기 성장과 새로운 출발의 관문이다. 심리적 안정과 구체적 행동, 지지체계의 활용은 생존을 위한 필수 전략이다. 위기를 피할 수 없다면 그 안에서 배우고 변하는 것이 최선이다. 결국 중요한 것은 상황보다 태도이며, 위기는 언제나 또 하나의 기회임을 잊지 말아야 한다.

빚보증은 의리가 아니다

"남의 빚을 내 어깨에 메는 것은
가장 비합리적인 투자이다."

― 워렌 버핏(Warren Buffett) ―

부부 사이의 갑을 관계가 바뀌는 결정적 계기로 실직과 빚보증을 꼽는다. 인생 항해에서 빚보증은 선박을 침몰시킬 수 있는 매우 위험한 장애물이다. '의리'라는 이름으로 시작된 보증은 개인과 가족의 삶을 파괴하는 재정적 지뢰밭이 되기도 한다. 우리 사회에서는 친밀한 관계를 이용한 보증 요청이 문화적 관행처럼 존재해 왔으나, 이는 냉철하게 경계해야 할 대상이다. 이에 필자는 법적 실상과 위험성, 현명한 거절법 및 대안을 심층적으로 살펴보고자 한다.

채무보증은 채무자가 의무를 이행하지 않을 때 보증인이 대신 갚기로 약정하는 계약(민법 제428조)이다. 특히 연대보증은 채

최고의 위험 행위, 빚보증

권자가 보증인에게 즉시 전액을 청구할 수 있어 그 책임이 엄중하다. 별도의 한도를 명시하지 않으면 원금과 이자는 물론 각종 부대비용까지 무한정 책임져야 하며, 보증인의 사망 후에도 상속인에게 그 의무가 승계된다. 즉, 감정적 호소로 시작된 보증이 보증인의 신용을 추락시키고 최악의 경우 개인 파산으로 몰아넣는 법적 칼날이 되는 것이다.

만약 피치 못할 상황에서 보증을 서야 한다면 최소한 다음 사항을 확인해야 한다.

첫째, 반드시 계약서에 금액을 명시하는 '한도보증'으로 한다.

둘째, 보증 의무가 영구히 지속되지 않도록 보증 기간을 제한한다.

셋째, '연대보증' 문구 여부를 확인하고 모든 조항을 완벽히 이해해야 한다.

넷째, 채무자의 소득과 신용등급 등 객관적 정보를 파악한다. 감정에 호소하며 정보를 숨기는 이는 신뢰할 수 없다.

다섯째, 채무 불이행 시 자신의 자산으로 감당 가능한지 냉정히 계산해야 한다. 이는 가족의 생계와 직결된 문제이다.

보증보다는 자신이 감당할 수 있는 범위 내에서 돈을 빌려주는 것이 차라리 낫다. 이 경우에도 차용장을 작성하고 상환 조건을 명확히 해야 한다. 또한 정부 지원 사업이나 전문가 상담 등 채무자 스스로 해결할 대안을 함께 찾아주거나, 채무자 본인의 자산을 담보로 제공하게 하는 것이 진정한 도움이다.

지혜롭게 거절하는 기술도 필요하다.

첫째, "남을 위한 보증은 서지 않는다"는 명확한 개인 원칙을 밝힌다.

둘째, 배우자나 부모님의 반대를 이유로 드는 '가족 카드'를 활용한다.

셋째, 주택담보대출 등 자신의 재정적 어려움을 솔직히 털어놓으며 이해를 구한다.

넷째, 보증 대신 다른 방식으로 돕겠다며 진정성을 보여 관계 단절을 막는다.

다섯째, 단호하고 일관된 태도를 유지한다. 말끝을 흐리는 태도는 상대에게 헛된 기대를 심어줄 뿐이다.

이어서 채무 보증의 피해 사례를 살펴보자. 수많은 사례가 있지만 대표적 사례 2가지만 들어 본다.

• 사례 1: 친구를 위한 보증, 가족의 파산

40대 A씨는 20년 지기인 친구 B씨의 사업자금 3억 원 대출에 연대보증을 섰다. 그러나 B씨의 사업 실패로 채권은행의 변제 요구가 A씨에게 쏟아졌다. A씨는 주택과 적금을 모두 처분했으나 1억 원의 채무가 남았고, 이를 해결하려다 결국 배우자와 자녀까지 연대보증의 굴레에 가두게 되었다. 결과적으로 20년 우정은 물론 가족 전체가 재정적 파멸을 맞이하며 가정이 완전히 붕괴되었다.

• 사례 2: 형제를 위한 보증, 노후 파탄

노후 준비를 마친 60대 C씨는 동생의 전세자금 대출 2억 원에 대해 보증을 섰다. 이후 실직한 동생이 이자를 체납하자 청구서는 고스란히 C씨에게 전가되었다. C씨는 노후 자금인 예금을 모두 쏟아부었으나 부족한 금액을 충당하기 위해 자신의 주택을 담보로 추가 대출까지 받아야 했다. 평안해야 할 노후가 빚 독촉에 시달리는 고통의 시간으로 뒤바뀐 비극적 사례이다.

'의리'로 포장된 채무보증은 가정을 무너뜨리는 최고 위험 행위이다. 진정한 의리는 무모한 보증이 아니라 현명하게 거절하고 현실적인 자립 방법을 제시하는 데 있다. 금전 문제에는 이성적인 원칙을, 인간관계에는 신뢰와 배려를 적용하는 지혜가 필요하다. "빚보증은 의리가 아니다"라는 말은 현대를 살아가는 우리 모두가 명심해야 할 생존의 원칙이다.

Chapter 5

안정된 노후를 위해 어떤 준비가 필요한가

삶의 마지막 존엄을 지키기 위한 보험

"기회는 준비된 사람에게 온다."

— 루이 파스퇴르(Louis Pasteur) —

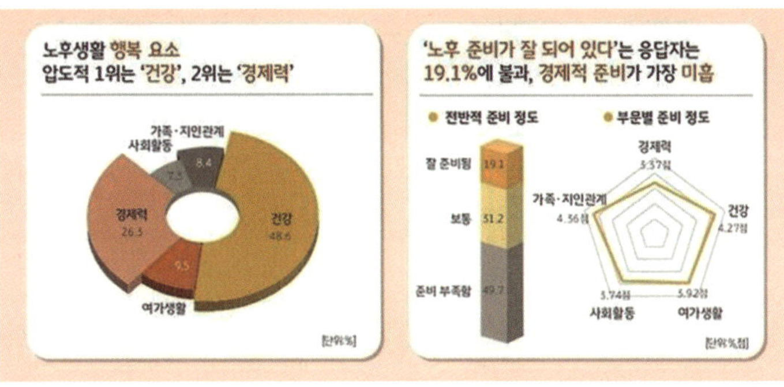

인생은 선박이 끝없는 바다를 항해하는 과정과 유사하다.

러시아 격언에는 "전쟁에 나갈 때는 한 번 기도하고, 바다에 나갈 때는 두 번 기도하라"라는 말이 있다. 그만큼 바다가 전쟁보다 위험하다는 의미다.

우리 삶의 후반기인 노후의 항해 역시 그만큼 철저하고 특별한 대비가 필요하다.

준비되지 않은 노후는 마치 정비되지 않은 선박이 거센 풍랑 속으로 무모하게 돌진하는 것과 같다.

그러나 건강, 경제력, 사회적 관계, 취미와 자기 계발 등을 잘 준비하면 노후의 안전 항해는 반드시 보장된다.

행복한 노후는 건강이 최우선

"건강은 모든 것의 첫 번째 조건이다.
건강을 잃으면 자유도, 재산도, 행복도 무의미하다."

— 쇼펜하우어(Arthur Schopenhauer) —

'인생 이모작'을 영어로 '앙코르 커리어(Encore Career)'라고 한다. 이는 가수가 다시 무대에 오르는 것을 보고 싶어 '앙코르'를 외치듯, 인생 후반에 새로운 커리어를 개척하여 삶의 의미를 추구한다는 뜻이다.

최근에는 이를 넘어 은퇴 이후의 삶을 성취감과 행복으로 채우는 '앙코르 인생'이 새로운 트렌드로 자리 잡고 있다. 노후는 단순히 살아가는 시간이 아니라, 살아온 삶을 정리하고 앞으로의 시간을 어떻게 누릴 것인가에 대한 선택의 과정이다.

은퇴 이후는 사회적 역할이 줄어드는 대신 자신에게 집중할 시간이 많아지며, 개인의 행복이 삶의 질을 좌우한다. 하지만 노후의 가장 큰 도전은 건강 문제이다. 노화가 진행되면 신체 기능이 저하되고 작은 질병도 행복을 크게 위협한다.

따라서 행복한 노후를 위해서는 경제적 안정뿐만 아니라 예방적 생활 습관이 필수적이다. 이미 도래한 초고령화 사회에서 100세 넘게 산들, 각종 질병에 시달리며 매일 알약을 삼키고 병상에 누워 지낸다면 그것이 무슨 축복이겠는가. 몸만 관에 들어가지 않았을 뿐 '예비 주검'으로 보내는 시간이 늘어난 것에 불과하다.

오늘날 노후 기간은 20~30년 이상에 이른다. 건강은 노후의 자산이며, 관리 여부에 따라 활력 있는 인생인지 병원 신세인지가 결정된다. 노후 건강의 핵심은 '움직임'이다. 근육량은 40대 이후 매년 1%씩 감소하여 70대에는 절반 가까이 줄어든다. 근육 부족은 대사량을 낮추고 낙상 위험을 높인다. 따라서 다음과 같은 운동을 생활화해야 한다.

건강수명은 사회적 자산

- 걷기: 하루 30분 이상 빠르게 걷기→ 심폐기능 강화, 우울 증 예방
- 근력 운동: 주2~3회 덤벨, 밴드, 맨몸 스쿼트→ 근감소증 예방
- 유연성 운동: 스트레칭, 요가→ 관절 가동성 확보, 부상 방지

운동은 혼자 하기보다 동호회, 마을 체육 프로그램 등에서 함께하면 지속성이 높아지고 사회적 교류 효과도 얻을 수 있다.

필자의 경우 마지막 직장을 퇴직하면서 일정 관리의 우선순위가 변경되었다. 과거에는 일이 우선이고 남는 시간에 운동했으나, 현재는 운동을 일과의 최우선에 둔다. 매일 오전 9시부터 11시까지 스포츠센터에서 근력 운동과 걷기를 실천한다. 만학도로 노인복지학을 전공하며 건강수명의 중요성을 깨달은 결과이다.

필자의 건강관리 루틴

영양 관리 역시 노후에는 '소식(小食)하지만 영양은 풍부하게'라는 원칙을 지켜야 한다.

- 단백질: 근육 유지에 필수. 살코기, 생선, 두부, 달걀 등 충분히 섭취
- 칼슘·비타민D: 골다공증 예방. 멸치, 유제품, 일광욕
- 채소·과일: 섬유질 섭취로 변비 예방, 항산화 작용
- 수분: 갈증을 느끼기 전에 물을 조금씩 자주 마시기
- 절제: 과식, 단 음식, 짠 음식, 가공식품 줄이기→당뇨, 고혈압 예방

식사는 단순한 영양 공급이 아니라 심리적 만족도 중요하다. 가족이나 친구와 함께 식사하는 습관은 고독을 예방하고 식욕을 돋운다.

더불어 질병의 '조기 발견'이 중요하다. 국가건강검진과 암검진을 정기적으로 받고, 독감이나 대상포진 등 예방접종도 필수적이다.

심리적으로는 감사 일기나 명상을 통해 긍정적 사고를 유지하고, 외로움을 극복하기 위해 사회적 연결망을 넓혀야 한다. 사회적 고립은 흡연보다 해롭다는 연구가 있듯, 관계 유지는 정서적 안정의 기반이 된다.

뇌 건강을 위해 독서와 새로운 기술 습득으로 두뇌를 자극하

고, 매일 같은 시간에 취침하여 뇌의 노폐물을 제거하는 양질
의 수면을 취해야 한다. 금연과 절주는 기본이며, 낙상 방지 등
안전한 주거 환경(Barrier - free) 조성도 잊지 말아야 한다.

건강한 노후는 단순히 오래 사는 것을 넘어 스스로 원하는 일
을 하며 존엄하게 살아가는 것을 의미한다. 걷고, 웃고, 감사하
는 오늘의 건강 습관이 남은 인생을 행복한 여정으로 만들 것
이다.

02

경제적인 기반 구축

**"젊었을 때는 인생에서 돈이 가장 중요한 것인 줄 알았다.
나이가 들고 보니, 그것이 사실이었음을 알았다."**

– 오스카 와일드(Oscar Wilde) –

최근 서울 명문대생들을 대상으로 한 설문조사에서 부모의 기대 수명을 62세로 답해 기성세대에 큰 충격을 주었다. 이는 자녀들이 부모의 불행을 바란다기보다 현재 청년 세대가 느끼는 압박감과 비관적인 미래관이 투영된 결과이다.

기성세대는 이에 서운함을 느끼기보다 '각자도생'의 시대에 맞는 부모-자녀 관계를 설정하는 기회로 삼아야 한다. 우선적인 조치는 "내 노후는 내가 책임진다"라는 선언과 함께 부모의 자산을 자녀와 분리하는 **'경제적 선 긋기'**를 단행하는 것이다.

2025년 KB금융그룹 보고서에 따르면 한국인이 생각하는 노후 적정 가구 생활비는 월 평균 350만 원이다. 이 정도 금액이면 자식에게 손 벌리지 않고 손주들에게 용돈도 주며, 연 1회 여행과 적절한 의료 서비스를 누리는 '적정 생활'을 유지할 수 있다.

하지만 현재 우리나라 은퇴 가구주의 약 57%는 생활비 부족을 느끼며, 미 은퇴 가구주의 49.7%는 노후 준비가 충분하지 않다고 답했다. 노후 준비가 잘되어 있다는 응답은 19.1%에 불과하며, 노인 빈곤율은 46%로 OECD 회원국 중 1위라는 심각한 현실에 직면해 있다.

평균수명은 2022년 83.6세로 OECD 3위를 기록했으며, 2026년 현재는 더욱 높아졌을 것으로 추정된다. 수명은 늘어나는데 은퇴 나이는 60세 전후이며, 사기업에서는 40~50대만 되어도 퇴직 압박이 거세다. 90세까지만 산다고 가정해도 은퇴 후 소득 없이 30년을 버텨야 한다.

정신을 바짝 차리지 않으면 빈곤의 굴레에 빠질 수 있으므로 경제적 기반 구축은 존엄성을 지키기 위한 필수 과제이다. 국민연금만으로는 부족하므로 추가적인 저축과 투자를 통해 소득 공백을 메워야 하며, 이는 급증하는 의료비와 간병비에 대처하고 삶의 질을 유지하는 방어막이 된다.

노후 대비 여유 있게 경제적 기반 마련

안정적인 노후를 위한 비결은 다음과 같다.

첫째, 준비를 일찍 시작하는 것이다. 복리 효과를 위해 하루라도 빨리 '선 저축 후 지출' 습관을 들여야 한다.

둘째, 자산의 분산 투자이다. 주식, 채권, 부동산 등 포트폴리오를 다양화하여 리스크를 관리해야 한다.

셋째, 퇴직연금(IRP)과 개인연금을 적극 활용하는 것이다. 특히 주택연금은 노후 보장의 필수 수단이다. "부동산은 며느리 돈, 금융자산은 나의 돈"이라는 말처럼, 부동산에 묶인 자산을 매월 현금 흐름으로 전환하는 결단이 빠를수록 좋다.

살던 집에서 계속 거주하며 연금을 받을 수 있는 주택연금은 자녀 지원으로 노후 준비가 부족했던 분들에게 최적의 대안이다.

가장 큰 걸림돌은 자녀에 대한 끝없는 지원 풍토이다. 과도한 교육비와 결혼 비용 지원으로 부모의 노후가 뒷전으로 밀려나는 현실은 개선되어야 한다. 독일은 고등학교까지 지원하고, 미국은 대학 등록금을 자녀가 학자금 대출로 해결하며 독립심을 키운다. 반면 우리나라는 가이드라인 없는 온정적 지원으로 부모와 자녀 모두가 신용불량자로 전락하기도 한다.

필자의 스승님 사례는 시사하는 바가 크다. 평소 제자들에게 빚보증의 위험성을 강조하며 확고한 신념을 보이셨던 법학 교수님조차, 아들의 빚보증에 실패하여 현재 반지하에서 외부와 단절된 생활을 하고 계신다. 전문 지식이 풍부하고 신념이 확고한 이조차 자녀와의 선 긋기에는 실패할 수 있음을 보여주는 비극적인 예시이다.

'선 긋기'는 서로를 위한 안전장치

따라서 필자는 자녀와 충분한 대화를 통해 '지원 범위와 한계'를 명확히 인식시키는 방식을 제안한다. 부모의 노후 재원을 별도로 분리한 나머지 자산 내에서 지원 능력을 파악해야 한다. 대학 졸업까지는 부모가 책임지더라도 결혼 비용은 자녀 스스로 마련하는 것이 바람직하며, 만약 노후 자금 확보로 대학 학비 지원이 어렵다면 미국식 관행을 적용해야 한다. 당장은 야박해 보일지라도 장기적으로는 서로의 인생을 위해 바람직한 결단이다.

종합하면, 풍요로운 노후는 체계적인 자산 관리와 더불어 부동산 자산에 대한 인식 전환, 그리고 무엇보다 자녀와의 '냉정한 선 긋기'에 달려 있다. 자녀의 자립심을 키우고 부모의 노후를 지키기 위해, 지원에 대한 명확한 기준을 수시로 공유하며 상호 간에 경제적 독립을 실천해야 한다.

03

함께할 인적 네트워크 형성

행복한 노후를 위해 부부관계 중요

**"성공적인 결혼 생활은 늘 사랑에 빠져 있는 것이 아니라,
사랑을 지속적으로 유지하는 데 있다."**

— M. 하비—

행복한 노후는 경제적 안정뿐만 아니라 부부관계의 질에 달려 있다. 은퇴 후 부부가 함께 보내는 시간이 급격히 늘어나면서, 미처 몰랐던 생활 습관의 차이로 갈등을 겪는 사례가 많다. '황혼 이혼'이 빈번한 시대에 부부관계의 지혜는 필수적이다.

자녀 양육에서 벗어나 온전히 둘만의 시간을 갖게 되는 노후기는 배우자가 가장 중요한 동반자가 되는 시기이며, 삶의 만족도에 직접적인 영향을 미친다. 실제로 결혼 만족도가 높은 부부가 그렇지 않은 부부보다 신체적·정신적 건강이 더 좋다는 연구 결과도 이를 뒷받침한다.

노후의 행복한 부부관계

　은퇴는 단순한 직업적 종료를 넘어 인간관계의 재편을 가져오는 전환점이다. 은퇴 후 일상은 사회적 관계가 축소되는 대신 부부 중심으로 이루어진다. 통계에 따르면 65세 이상 가구의 36.8%를 부부 가구가 차지하고 있으며, 평균수명 연장으로 부부가 함께 보내는 시간은 20년 이상으로 길어졌다. 이러한 변화는 노후기 부부관계가 과거 어느 때보다 중요해졌음을 시사한다.

　심리적 의존도 역시 커진다. 사회생활을 통해 얻었던 성취감이 사라지며 발생하는 상실감과 외로움은 배우자와의 관계에 투영된다. 이때 배우자는 삶의 가장 큰 위안이자 기쁨의 원천이 된다.

　원활한 소통과 친밀감은 노후기 우울증 예방의 핵심 요인이며, 이는 특히 여성에게 두드러진다. 하루 종일 함께하며 불거지는 갈등을 해결하려면 서로를 배려하는 태도와 진정한 소통이 필요하다. 대화를 통해 정서적 충족감을 채워주고, 각자의 시간을 존중하면서도 함께 즐길 수 있는 공동의 취미를 개발하는 것이 바람직하다.

재정 문제 또한 주요한 갈등 원인이다. 수입이 줄어든 상황에서 한쪽은 저축을, 다른 한쪽은 보상적 소비를 원할 수 있기 때문이다. 따라서 은퇴 전부터 재정 상황을 함께 파악하고 지출 계획을 미리 합의해 놓아야 불필요한 마찰을 줄이고 안정감을 유지할 수 있다.

부부관계는 가족 전체의 중심축이다. 자녀나 부모 중심의 삶에 치우치면 부부관계가 소홀해지고 가족의 균형이 깨진다. 부부관계가 건강하지 못하면 자녀에게 과도하게 의존하거나 소원해지는 결과를 낳는다. 부부가 서로에게 온전히 집중하고 행복할 때, 자녀에게도 비로소 안심과 기쁨을 선사할 수 있다.

궁극적으로 행복한 노후는 따뜻한 배려와 소통으로 원만한 관계를 만들어 갈 때 완성된다. 배우자가 삶의 의미를 나누는 가장 가까운 존재임을 인식하는 것이 행복한 노후를 향한 확실한 첫걸음이다.

자녀와의 관계를 좋게 하는 기술

**"부모는 자녀에게 말하기보다
귀 기울이는 시간을 더 많이 가져야 한다."**

– 스티븐 코비(Stephen Covey) –

행복한 노후의 첫 단초가 부부관계라면 그다음은 자녀 관계다. 특히 남성의 은퇴는 본인뿐만 아니라 자녀를 포함한 가족 구성원 모두에게 익숙지 않은 상황이다. 은퇴 초기 이 상황에 잘 적응하려면 아빠가 어떤 마음가짐을 갖는지가 중요하다.

가장 핵심은 자녀가 '아빠가 회사에 안 가고 집에 있어도 나쁘지 않구나'라고 느끼게 하는 것이다. 물론 '아빠가 집에 있으니 좋다'고 생각하면 더할 나위 없겠으나 현실은 그리 녹록지 않다. 직장 생활로 바빠 친밀할 기회가 적었던 아빠가 어느 날 갑자기 집에만 머무는 상황을 반길 자녀는 많지 않기 때문이다.

지금까지 삶의 중심축이 직장이었다면 이제는 가정으로 바뀐 것이며, 이는 개인의 정체성과 사회적 위치, 가족관계에 깊은 영향을 미치는 중대한 전환점이다.

전문가들은 행복한 노후의 필수 조건으로 자녀와의 원만한 관계를 첫손에 꼽는다. 은퇴로 인해 수십 년간 쌓아온 직업적 정체성을 상실하면 심리적 압박감과 우울증, 정서 불안이 찾아오기 쉬운데, 이러한 내면의 공허함은 자녀 관계에 부정적인 영향을 미치는 핵심 원인이 된다.

노후의 원만한 자녀 관계

자신의 존재 가치를 증명할 새로운 영역을 찾지 못한 부모는 무의식적으로 자녀의 삶에 깊이 관여하려 든다. 자신의 외로움이나 슬픔까지 자녀가 치유해 주길 바라거나 모든 이야기를 시시콜콜 들어주길 기대하게 되며, 이러한 과도한 기대와 간섭은 자녀에게 심리적 부담으로 전가되어 관계 악화의 도화선이 된다.

은퇴 후 부모는 더 이상 자녀의 삶을 통제하는 '보스'가 아니라, 그들의 독립적인 여정을 지지하는 '코치'로 역할을 전환해야 한다. 성인 자녀는 부모의 즉각적인 해결책보다 스스로 문제를 해결하는 '생산적인 어려움'을 통해 성장한다. 부모가 자녀의 선택을 믿고 존중해 주는 한마디가 자녀에게는 가장 큰 선물이다.

이러한 역할 전환의 장애물은 부모의 잔소리와 과도한 간섭이다. 부모의 눈에는 자녀의 생활 태도가 '나태함'으로 보일 수 있지만, 이는 그저 서로의 '다름'에서 비롯된 생활 방식일 뿐이다. 자녀의 삶을 통제하려는 시도는 자율권을 침해하는 행위로 인식되어 관계를 악화시킨다. 실수를 통해 배우는 과정은 성장에 필수적이므로, 부모는 이를 지켜봐 주는 태도를 가져야 한다.

또한 부모와 자녀 간에는 '건강한 경계(Boundary)'를 설정하는 것이 중요하다. 경계는 단절이 아닌 '존중'의 표현이다. 노크 없이 자녀의 방에 들어가는 것과 같은 행위는 사랑이 아니라 사생활 침해로 간주될 수 있다. 건강한 경계 설정은 부모의 불안이나 미안함 같은 감정을 솔직하게 표현하고, 자녀의 불편함을 감내하며 독립을 돕는 '용감한 행동'이다.

자녀와 건강한 관계를 위해서는 효과적인 소통 기술이 필수적이다. 비난하고 위협적인 언어는 자녀의 자존심을 상하게 하고 대화를 단절시킨다. 갈등의 조짐이 보일 때 한 호흡 쉬고 "시간이 이렇게 되었네, 조금 서둘러야 할 것 같지 않니?"와 같은 화법을 사용하면 서로 화를 내는 상황을 줄일 수 있다.

부모는 자신의 불안이나 외로움을 자녀에게 기대어 치유하려 해서는 안 된다. 대화의 목적은 부모가 '내가 옳다'는 것을 증명하는 것이 아니라, 자녀의 관점을 이해하고 그들의 이야기를 완성시켜 주는 '경청자'가 되는 것이다. 부모가 먼저 자신의 감정적 필요를 스스로 해결하고 건강한 상태를 유지할 때 비로소 자녀와 개방적인 대화가 가능해진다.

요약하면 은퇴 후 자녀와의 관계는 삶의 중심축이 가정으로 이동하는 중요한 전환점이다. 부모는 자녀의 삶을 통제하는 '보스'가 아닌 독립을 지지하는 '코치'로 역할을 바꿔야 한다.

특히 자신의 공허함을 자녀를 통해 채우려 하기보다, 스스로 심리적·경제적 자립을 이루고 건강한 경계를 유지하는 것이 중요하다. 비난 대신 경청과 존중의 태도를 갖출 때 비로소 서로 부담 없는 건강한 관계가 완성된다.

노후에 외로움을 이겨내는 힘, 사회적 관계

"행복하고 건강한 노후의 결정적인 열쇠는
재산이나 명예가 아니라,
삶의 고통을 성숙하게 수용하며 맺어온
따뜻한 인간관계에 있다."
– George E. Vaillant, M. D. 『인간의 조건』 중에서 –

　노후의 외로움을 극복하는 데 있어 사회적 관계는 핵심적인 역할을 한다. 정년퇴직으로 인한 소속감 상실, 자녀 독립 후의 빈 둥지 증후군, 배우자와 친구의 사별 등은 깊은 고립감을 안겨준다. 이러한 외로움은 단순한 감정적 문제를 넘어 우울증과 인지 기능 저하 등 건강 문제로 직결되므로, 적극적인 관계 재구축이 필수적이다. 인간은 타인과의 연결을 통해 존재 가치를 확인하며, 사회적 관계는 위기 상황에서 서로를 지탱하는 안전망이 된다.

　노후의 여러 관계 중에서도 친구는 특히 중요하다. 가족이 의무와 책임의 관계라면, 친구는 상호 존중과 자발적 관심에 기반한 자유로운 관계이기 때문이다. 친구 관계는 **첫째, 기쁨**과 슬픔을 나누는 정서적 지지자가 된다. 둘째, 취미와 여행 등을 함께하며 삶의 활력을 증진하고 무기력함을 극복하게 한다.

셋째, 젊은 시절부터 공유한 기억을 통해 개인이 지닌 본래의 가치와 정체성을 상기시켜 준다.

친구 관계 외에도 다양한 사회적 관계를 확장하는 것은 노후의 삶을 더욱 풍요롭게 만든다. 이는 새로운 사람들과 교류하며 삶의 지평을 넓히는 기회가 된다. 같은 관심사를 가진 사람들과 만나는 동호회 활동은 새로운 친구를 만들고 삶의 재미를 더해준다. 예를 들어, 등산 모임, 독서 모임, 악기 연주 동호회 등은 취미를 공유하여 자연스럽게 관계를 맺을 수 있는 좋은 방법이다.

또, 전통적 가족관계의 복원도 필요하다. 그 일환으로 필자는 30년 전부터 '내외종 모임'에 참여하고 있다. 어린 시절 추

필자(오른쪽 첫째)의 내외종 모임

억을 공유하는 사촌들과의 만남은 계산 없는 순수한 관계를 유
지하게 하며 든든한 소속감을 제공한다. 비슷한 연령대의 사촌
들은 건강, 재테크 등 실질적인 정보를 교환하는 통로가 될 뿐
만 아니라, 윗세대의 가풍을 조카 세대로 이어주는 매개체 역
할도 한다.

지역사회 봉사활동 또한 자신의 가치를 재확인하는 소중한
계기이다. 필자는 현재 '토마스의 집'에서 밥퍼 봉사와 '다품'에
서 독거 어르신 말벗 봉사에 참여하고 있다. 무료 급식소는 단
순히 식사를 제공하는 곳을 넘어 어르신들의 사회적 소통 창구
가 된다. 매일 정해진 시간에 방문하시는 분들의 건강 상태를
체크하는 활동은 노인 고독사를 방지하는 중요한 사회적 감시
체계가 된다.

이처럼 봉사는 타인을
돕는 동시에 사회에 기
여한다는 보람을 안겨
주어 외로움을 이겨내
는 강력한 힘이 된다.

이외에도 전문 재능을
활용한 멘토링 활동으
로 젊은 세대와 교류하

'토마스의 집' 어르신 점심 봉사 : 오른쪽 2번째 필자

거나, 온라인 커뮤니티를 통해 지리적 제약 없이 소통하는 방법도 있다. 사회적 관계는 저절로 형성되지 않기에 다음과 같은 구체적인 노력이 필요하다.

- **먼저 다가가기:** 인사를 건네고 자신의 이야기를 나누는 용기가 필요하다.
- **활동 공간 넓히기:** 문화센터 수강, 지역 축제 참여 등 집 밖으로 나가 만남의 기회를 만들어야 한다.
- **디지털 소통 활용:** SNS나 메신저를 통해 지인들과 꾸준히 안부를 나눈다.
- **긍정적 태도 유지:** 웃는 얼굴과 경청하는 자세는 좋은 관계의 필수 조건이다.

노후는 삶의 끝이 아닌 새로운 시작이다. 외로움이라는 그림자가 드리워질 때, 따뜻한 인적 네트워크는 이를 걷어내는 가장 강력한 원동력이 된다. 노후의 삶은 홀로 가는 길이 아니라 서로 기대어 함께 가는 여정이다. 적극적으로 관계를 맺고 유지하며 의미 있는 노후를 만들어 가야 한다.

손주 돌봄으로부터 독립

"황혼육아는 조부모의 노후를 앗아간다."

– 아침 마당(황혼육아의 빛과 그림자) –

후회 없는 노후를 위해서는 시간과 자원의 배분 우선순위를 자신을 위해 완전히 바꿔야 한다. 하지만 안타깝게도 많은 이들이 시간이 무한하다는 착각 속에서 소중한 기회들을 뒤로 미루며 살아간다. 시간이 얼마 남지 않았음을 지각한다는 것은, 외부의 요구와 타인의 기대에 부응하느라 낭비했던 에너지를 거두어 '오롯이 나 자신'에게 집중하겠다는 선언과 같다.

건강수명의 한계를 앞둔 우리에게 가장 필요한 것은 내일로 미루는 습관을 버리고, 오늘 바로 나를 위한 작은 사치를 허락하며, 배움과 경험에 자원을 쏟는 과감함이다. 죽음을 기억하라는 '메멘토 모리(Memento Mori)'의 가르침처럼, 끝이 있다는 사실을 명확히 인지할 때 비로소 우리는 단 한 순간도 허투루 쓰지 않는 생동감 넘치는 노후를 시작할 수 있다.

2024년 통계청 조사에 따르면, 60세 이상 여성의 35%가 손주를 돌본 경험이 있으며, 이 중 상당수가 정기적이고 지속적인 돌봄을 제공하고 있는 것으로 나타났다. 또 다른 조사에서는 조부모가 손주 육아에 투입하는 평균 시간은 주당 30시간 이상으로, 이는 사실상 파트타임 근무 수준의 중노동에 해당한다.

육아를 맡는 주된 이유는 자녀의 맞벌이(65%), 경제적 어려움(15%), 자발적 희망(20%) 순이다. 하지만 이 '자발적'이라는 표현 속에는 가족 내 책임 회피 방지, 정서적 압박, 죄책감 조장 등 복합적인 요인이 내포되어 있다. 실제로 많은 조부모는 "자식이 힘들다는데 안 도와줄 수도 없고, 그렇다고 내가 행복하지도 않다"라거나 "내가 돌보지 않으면 어린이집을 못 보낸다니 죄책감이 생긴다"라며 고충을 토로한다. 즉, 손주 육아는 사랑의 실현이면서도 동시에 선택의 여지가 없는 무거운 부담인 경우가 많다.

황혼육아는 노후 삶의 질을 심각하게 저하시키고 세대 간 갈등을 야기하는 원인이 된다. 손주 육아에 동원되는 조부모 상당수는 이미 만성질환을 앓고 있거나 체력적으로 무리가 있는 상태이다. 아이의 체중 증가와 끊임없는 신체 활동을 감당하다 보면 요통, 관절염, 고혈압, 심장질환이 악화하기 마련이다. 실제로 손주 육아에 참여한 고령 여성의 건강 악화 비율은 참여하지 않은 여성보다 1.8배 높다는 연구 결과도 존재한다.

육아 독립으로 편안한 모습

또한 계속되는 육아는 자기 삶에 대한 통제감 상실을 초래하고, 우울감과 무기력감, 심지어 사회적 고립감을 동반한다. 아이가 아플 경우 부모보다 더 큰 불안을 느끼며, 특히 교육 방식을 두고 자녀와 마찰을 겪으며 세대 간 갈등이 심화되기도 한다.

본래 은퇴 후 노후는 여가, 여행, 사회 참여, 봉사활동 등을 통해 삶의 가치를 높여야 하는 시기이지만, 손주 육아에 전념하다 보면 이러한 기회를 완전히 박탈당한다. 과거에는 해외 단체 여행단의 주축이 은퇴자들이었으나, 최근에는 젊은 층이나 모녀 관계가 다수를 차지하는 현상 역시 조부모 육아 비율이 높아진 결과로 유추된다. 무엇보다 많은 조부모가 무보수나 매우 낮은 수준의 수고비만 받고 손주를 돌보고 있다. 특히 소

228

득이 적은 조부모일수록 육아에 투입되는 기회비용이 크며, 이는 노년기 빈곤 위험을 가중시키는 요인이 된다.

우리는 자녀에 대한 온정적 문화 탓에 무리한 돌봄을 지속하지만, 외국은 자녀와의 관계를 보다 냉철하게 유지한다.

독일은 출산과 육아를 사회 전체의 책임으로 간주하여 부모에게 최대 3년의 육아휴직과 소득을 지원하며, 충분한 보육 인프라 덕분에 조부모에게 돌봄을 맡기는 경우가 드물다.

스웨덴은 전 국민 보육 시스템을 운영하며 조부모가 돌볼 경우 정부가 수당을 지급해 그 사회적 가치를 인정한다.

이웃 일본 역시 고령자의 독립성과 여가를 존중하는 문화가 정착되어 있어 자녀 세대의 '자기 책임 육아'가 강조되며, 정부는 유급 육아휴직과 시간제 근무 등 다양한 대안을 지원한다.

국내의 손주 육아는 '사랑'이라는 이름 아래 비공식적 노동으로 은폐되어 왔다. 이를 해결하려면 **첫째, 국가가 책임지는 공적 보육 시스템을 강화해야 한다.** 국공립 어린이집을 늘리고 중산층도 안심하고 맡길 수 있는 보육 서비스를 제공하여 조부모의 부담을 덜어주어야 한다.

둘째, 지자체 주도로 조부모 대상 육아 교육, 심리 상담, 쉼터 프로그램을 운영하여 정서적 스트레스를 완화하고 장시간 돌봄에 대한 휴식권을 보장해야 한다.

셋째, '조부모=육아 담당자'라는 고정관념을 깨기 위해 미디어와 교육기관을 통한 사회 인식 변화 캠페인을 적극적으로 전개해야 한다.

간과하지 말아야 할 점은 조부모가 직접 돌보지 않으면서도 손주의 인성 형성에 기여할 방법이 있다는 사실이다. 조부모가 주 양육자 역할에서 물러날수록 오히려 '인성 멘토'로서의 영향력은 커진다. 손주와의 만남은 주 1회나 격주 1회 정도가 이상적이며, '언제든지 볼 수 있는 존재'가 아니라 '만나면 특별한 존재'라는 거리감이 조부모의 언행에 권위와 신뢰를 부여한다. 아이에게 가장 필요한 조부모상은 항상 곁에 있는 사람이 아니라, 자신의 삶을 잘 살고 끊임없이 성장하는 어르신의 모습이다.

결국 자녀 세대의 인식 전환이 평생의 은혜에 보답하는 진정한 길이다. 자녀는 부모가 겉으로 하는 "손주 돌봄이 즐겁다"라는 말을 곧이곧대로 믿기보다, 부모의 육신이 빠르게 노화되고 노후 행복의 시간이 단축되고 있음을 직시해야 한다. 부모가 남은 삶 동안 못다 이룬 버킷리스트를 실천할 수 있도록 그들의 행복권을 존중해야 한다.

필자는 노후의 행복이 타인의 요구가 아닌 오롯이 본인의 것이 되어야 함을 다시 한번 강조하는 바이다.

05

취미와 자기 계발을 통한 열정적인 삶

"인생은 덧없는 여정이며,
그 속에서 배움을 멈추는 순간 삶의 의미는 퇴색된다."

— 유클리드(Euclid) —

노후기는 인생의 결실을 맺는 시기이자 새로운 출발점이다. 사회적 직무와 자녀 양육에서 물러나며 많은 이들이 향후 삶의 방향에 대해 자문한다. 경제적 안정만으로는 노후 행복이 보장되지 않으며, 진정한 행복은 시간을 채우는 방식과 삶의 의미를 찾는 과정에 달려 있다.

이때 중요한 것이 취미 활동과 자기 계발이다. 취미는 즐거움을 제공하고, 자기 계발은 성취감을 부여한다. 두 가지는 상호 보완적이며 노후의 삶을 풍성하게 만들고 심리적·사회적·신체적 건강을 동시에 지켜준다. 노후기에 취미와 자기 계발이 중요한 이유와 구체적인 실천 방법을 다각도로 살펴보고자 한다.

다양한 취미와 자기 계발

노후기는 은퇴와 지위 변화, 사별 등으로 인해 우울감을 느끼기 쉬운 상실의 시기이다. 취미는 이러한 공허함을 채워주는 긍정적인 자극이 된다. 좋아하는 활동에 몰입할 때 뇌에서 도파민과 세로토닌 같은 행복 호르몬이 분비되어 정서적 안정을 얻을 수 있다. 특히 새로운 배움이나 손을 활용하는 취미는 인지 기능 저하를 늦춰 치매 예방에 도움을 준다. 독서, 글쓰기, 악기 연주, 정보화 기기 활용 등은 뇌세포 간 연결을 강화하는 효과가 있다.

노후의 큰 위험 중 하나인 사회적 고립 역시 취미 활동을 통해 극복할 수 있다. 동호회나 강좌 참여는 다양한 사람들과의 만남으로 이어져 사회적 네트워크를 유지하게 하며, 이는 정신 건강과 수명 연장에도 긍정적인 영향을 미친다. 또한 자기 계발은 은퇴 후 느끼는 허무감을 극복하고 여전히 성장할 수 있다는 믿음을 주어 자존감을 회복시키는 원동력이 된다.

노후기에 적합한 활동의 유형은 다음과 같다.

- **예술 및 디지털 활동**: 악기 연주와 합창은 정서 안정에 탁월하며, 수채화·도예·서예 등은 집중력과 창의력을 높인다. 스마트폰을 활용한 사진 및 영상 편집은 현대 기술을 익히는 유용한 자기 계발이다.
- **인문 및 언어 학습**: 독서와 글쓰기는 지적 자극과 자기 성찰을 돕는다. 외국어 학습은 여행이나 국제 교류에 유용하며, 디지털 리터러시 교육은 세대 간 소통에 필수적이다.
- **신체 및 원예 활동**: 요가, 수영, 등산 등은 건강 증진과 사회적 관계 형성에 도움을 준다. 식물을 가꾸는 과정은 정서적 안정과 소소한 성취감을 준다.

노후의 지혜를 사회에 환원하는 과정은 깊은 만족을 준다. 지자체와 대학의 평생학습관 강좌는 새로운 지식을 배우고 친구를 사귀는 좋은 기회이다. 자기 계발은 거창할 필요가 없다. "한 달에 책 한 권 읽기"와 같은 소박한 목표부터 꾸준히 실천하는 것이 중요하다. 동반자와 함께 배우거나 멘토의 조언을 구하면 지속적인 동기 부여가 되며, 배운 것을 주변과 나눌 때 성취감과 자기 효능감은 배가 된다.

다음과 같은 실제 사례도 있다.

첫째, 독서와 시 쓰기로 제2의 인생을 찾은 시니어 사례이다. 은퇴 후 우울감을 겪던 한 인사는 문화센터 시 창작반 활동을 통해 삶의 활력을 되찾고, 현재는 작품을 발표하며 새로운 정체성을 확립했다.

둘째, 스마트폰 교실을 통해 손주와 소통한 할아버지 사례이다. 디지털 기기에 서툴던 어르신이 교육을 통해 영상통화 사용법을 익혔고, 이를 통해 멀리 사는 손주와 매일 소통하며 외로움을 해소했다.

셋째, 봉사활동을 통한 사회적 만족 사례이다. 경험 많은 은퇴 교사가 무료 봉사로 아이들을 돕는 활동은 사회적 기여와 동시에 본인의 자존감을 높이는 계기가 되었다.

행복한 노후는 우연히 찾아오는 것이 아니라 스스로 만들어가는 것이다. 취미와 자기 계발은 단순히 시간을 보내는 행위를 넘어 끊임없이 성장하고 사회와 소통하는 중요한 수단이다. 은퇴를 앞두고 있거나 이미 노후기에 접어든 분들이라면 진정으로 하고 싶은 일을 고민하고 지금 바로 시작하기를 바란다. 활발한 활동은 노후를 '잃어가는 시간'이 아닌 '새롭게 채워가는 시간'으로 만들어 줄 것이다.

06

행복의 열쇠, 긍정적인 마음가짐

"단 한 가지의 긍정적인 생각은
아침에 당신의 하루 전체를 바꿀 수 있다."

– 달라이 라마(Dalai Lama) –

행복한 노후를 위해 긍정적인 마음가짐은 매우 중요하다. 이는 단순히 기분 좋은 상태를 넘어 신체적·정신적 건강을 유지하고 삶의 만족도를 높이는 핵심 요소이다. 연구에 따르면 긍정적인 사고를 가진 사람들은 스트레스에 더 잘 대처하며 면역 체계가 강화되고, 만성질환 발생률이 낮아 장수하는 경향이 있다.

긍정적인 마음은 신체 건강에 직접적인 영향을 미친다. 스트레스 호르몬인 코르티솔(cortisol) 수치를 낮추고 혈압을 안정시켜 심혈관 질환 위험을 줄여주며, 면역 체계를 강화해 질병으로부터 몸을 보호한다. 또한 노후기에 겪게 되는 은퇴, 사별, 신체 능력 저하 등의 상실 앞에서도 정신적 회복력(resilience)을 키워준다. 긍정적인 태도는 문제를 조절하기보다 해결책을 찾게 하며, 삶의 변화를 자연스럽게 수용하게 하여 우울증과 불안감 예방에도 효과적이다.

나아가 밝고 긍정적인 태도는 사람을 끌어당기는 힘이 있다. 이러한 사람은 주변과 쉽게 교류하며 새로운 관계를 형성하고 기존 관계를 돈독히 유지한다. 활발한 사회적 관계는 고독감을 줄이고 삶의 활력을 불어넣어 노후의 질을 크게 향상시킨다.

긍정적이고 편안한 노후 모습

행복한 노후를 위해 긍정적인 마음을 갖는 구체적인 방법은 다음과 같다.

첫째, 현재에 집중하고 감사하는 마음을 가져야 한다. 과거의 후회나 미래의 불안에 사로잡히지 않고 현재에 집중하는 연습이 필요하다. 매일 잠들기 전 소소한 감사 일기 세 가지를 떠올리는 습관은 긍정적인 감정을 의식적으로 키워준다.

둘째, 의미 있는 활동에 참여한다. 은퇴 후 봉사 활동, 취미

236

생활, 평생 교육 등 자신이 좋아하고 가치 있다고 느끼는 일에 몰두하는 것은 삶에 새로운 목표를 부여한다. 이를 통해 얻는 성취감은 삶의 활력을 되찾아준다.

셋째, 새로운 것에 대한 도전과 배움이다. 나이는 숫자에 불과하다는 마음으로 외국어 공부나 새로운 운동 등 익숙하지 않은 분야에 도전해 본다. 이러한 경험은 뇌를 활성화하고 인지 기능 저하를 예방하며 자신감을 높여준다.

넷째, 신체 활동을 꾸준히 해야 한다. 규칙적인 운동은 엔도르핀 분비를 촉진해 기분을 좋게 하고 스트레스 해소에 효과적이다. 걷기나 요가 등 체력에 맞는 운동을 지속하는 것은 정신 건강의 토대가 된다.

다섯째, 긍정적인 사람들과 교류하라. 주변 환경은 마음에 큰 영향을 미친다. 부정적인 사람보다 활기찬 에너지를 주고받을 수 있는 이들과 시간을 보내며 긍정적인 관계를 적극적으로 만들어 나간다.

여섯 번째, 마음챙김 명상 실천하기다. 하루 10분 정도 호흡이나 몸의 감각에 집중하는 마음챙김(mindfulness) 명상은 부정적인 생각을 가라앉히고 마음의 평온을 찾는 데 큰 도움이 된다.

행복한 노후는 저절로 찾아오지 않으며 꾸준한 노력과 습관으로 만들어지는 것이다. 노후를 삶의 마무리가 아닌 새로운 시작으로 여기고 위 방법들을 실천한다면 더욱 풍요로운 삶을 누릴 수 있다. 긍정적인 마음가짐이야말로 노후를 아름답게 가꾸는 가장 소중한 자산임을 기억해야 한다.

노후에 꼭 필요한 4가지 능력

혼자서 재미있게 노는 능력

"혼자 있을 때도 즐거울 수 있는 사람은 자유로운 사람이다."

– 랄프 왈도 에머슨(Ralph Waldo Emerson) –

혼자 있는 시간이 무료하고 지루하다면 혼자서도 재미있게 놀 수 있는 능력이 부족하기 때문이다. 늘 곁에 사람이 있어야 하는 이들은 누구라도 불러주면 반색하며 여기저기 쫓아다니곤 한다. 타인에게 의존해야만 시간을 보낼 수 있는 상태는 결국 원치 않는 만남조차 억지로 참아야 하는 예속된 상황을 만든다.

우리는 흔히 '함께'의 가치를 중요하게 여기지만, 혼자 잘 노는 능력인 '자발적 고독(Voluntary Solitude)'을 즐기는 것 또한 삶을 풍요롭게 만드는 핵심 역량이다. 이는 단순히 외로움을 견디는 차원을 넘어 자아를 발견하고 정서적 독립을 이루며, 궁극적으로 삶의 질을 향상하는 데 결정적인 역할을 한다.

혼자서도 잘 즐기는 모습

　혼자 있는 시간은 오롯이 자신에게 집중할 기회를 제공한다. 외부의 시선이나 타인의 기대를 벗어나 "나는 무엇을 좋아하고 싫어하는가?", "나는 어떤 사람인가?"와 같은 근본적인 질문에 답을 찾아가는 과정은 고독 속에서 가장 효과적으로 이루어진다. 이 과정에서 자신의 감정과 가치관을 탐색하며 미처 몰랐던 모습을 발견하게 되며, 이는 자신이 원하는 삶의 방향을 설정하는 필수 자양분이 된다.

　창의성은 종종 조용하고 집중된 환경에서 꽃을 피운다. 타인의 방해 없이 몰입할 수 있는 시간은 새로운 아이디어를 떠올리거나 복잡한 문제를 해결하는 데 큰 도움이 된다. 음악 감상, 독서, 글쓰기, 그림 그리기 등 혼자만의 취미 활동은 시야를 넓히고 예상치 못한 영감을 선사한다. 이처럼 혼자만의 시간은 단순한 휴식을 넘어 재충전과 창조적 활동을 위한 소중한 밑거름이 된다.

혼자서 행복할 수 있는 능력은 정서적 독립성을 길러준다. 관계 속의 즐거움도 크지만, 그 즐거움이 없으면 불행해지는 상태는 위험하다. 혼자 잘 노는 사람은 타인의 인정에 연연하지 않고 스스로 존재 가치를 증명한다. 혼자 영화를 보고, 식사하며, 여행을 떠나는 경험은 자기 효능감을 높여 외부 환경에 흔들리지 않는 단단한 자아를 형성하게 한다.

아이러니하게도 혼자 잘 노는 능력은 관계의 질을 향상한다. 타인에게 의존하지 않아도 행복하기에, 관계를 맺는 이유가 외로움을 채우기 위해서가 아니라 진정으로 그 사람과 함께하는 시간을 즐기기 위한 것이 되기 때문이다. 이는 서로에게 부담을 주지 않는 성숙한 관계를 가능하게 하며, 갈등 상황에서도 유연하게 대처할 수 있는 에너지를 제공한다.

혼자서 잘 노는 능력은 단순한 여가가 아니라 주체적인 삶을

위한 필수 기술이다. 고독은 외로움의 동의어가 아니라 풍요
로운 성장과 창조의 시간이 될 수 있다. 혼자만의 시간을 적극
적으로 활용하는 것은 삶을 더욱 단단하게 만드는 첫걸음이다.
행복한 노후를 위해서는 혼자서도 시간 가는 줄 모르게 재미있
게 놀 수 있어야 한다. 그래야 여럿이 모여 놀 때도 비로소 더
잘 놀 수 있는 법이다.

결핍에 기죽지 않는 능력

**"우리를 괴롭히는 것은 일어난 일이 아니라,
그 일에 대한 우리의 생각이다."**

− 에픽테토스(Epictetus) −

노후가 되어 인생이 초라해졌다고 말하는 이들이 많다. 자신
을 드러낼 명함도, 양복 깃에 달았던 회사 배지도 사라졌기 때
문이다. 체력은 떨어지고 소득은 줄었으며, 품 안의 자식 같던
아이들은 명절에나 얼굴을 비춘다. 한창때와 비교하면 사랑,
관심, 자부심, 재력 등 모든 것이 부족하게 느껴지는 것이 사실
이다.

나이가 들어감에 따라 우리는 젊음의 활력과 사회적 지위 등 당연하게 여겼던 것들이 사라지는 상실감에 직면한다. 그러나 이러한 결핍감에 기죽을 필요는 없다. 노후는 상실의 시간이 아닌, 새로운 가치를 발견하고 삶의 의미를 재정립하는 기회이기 때문이다. 결핍을 당당하게 극복하고 풍요로운 노후를 만들기 위한 실질적인 방안이 필요하다.

결핍 극복을 위한 노력

먼저, 결핍감의 가장 큰 원인은 '잃어버린 것'에 대한 집착이다. 과거의 영광을 그리워하며 현재의 부족함을 한탄할수록 삶은 초라해진다. 이제 시선을 돌려 '지금 나에게 남아 있는 것'에 집중해야 한다. 오랜 세월 쌓아온 지혜와 경험, 소중한 인연, 여유로운 시간, 그리고 아직 건강한 몸과 마음은 그 무엇과도 바꿀 수 없는 소중한 자산이다. 이 자산들을 활용해 새로운 즐거움을 찾고 감사하는 마음을 가질 때 결핍감은 서서히 사라진다.

은퇴 후 사회적 역할이 사라지며 느끼는 소외감 또한 역할의 소멸이 아닌 '변화'로 인식해야 한다. 생산 활동에서 벗어난 자유로운 시간은 사회에 기여할 새로운 역할을 창출할 기회이다. 자원봉사, 재능기부, 지역사회 활동 참여는 스스로 가치 있는 존재임을 확인하고 사회의 능동적인 구성원으로서 자부심을 느끼게 하는 효과적인 방법이다.

나이는 숫자에 불과하다. 그간 계획만 세웠던 버킷리스트를 하나씩 실천해 보는 것도 좋다. 제주 올레길이나 지리산 둘레길, 산악인의 로망인 공룡능선에 도전해 보길 권한다. 배움에도 정년은 없다. 필자는 평소 관심 분야인 노인복지를 공부하기 위해 만 70세의 나이에 대학에 등록하여 과정을 이수했다. 만학도로서 수업료 면제 혜택을 받았음은 물론, 자발적인 학습 덕분에 젊은 시절보다 교육 효과도 높았다.

나이를 잊은 도전, 72세에 다시 오른 설악산 공룡능선

새로운 것에 도전하며 얻는 성취감은 자존감을 높여주며, 뇌를 자극하여 인지 능력 저하를 늦추는 효과도 있다. 나이 들어서도 성장하고 있다는 느낌은 결핍감에 짓눌린 마음을 일으켜 세우는 강력한 동력이 된다. 이와 함께 건강관리도 필수적이다. 신체적 쇠약은 정신적 결핍감으로 직결되기 때문이다. 규칙적인 산책과 스트레칭 등 자신에게 맞는 운동을 찾아 몸을 돌보는 투자는 긍정적인 사고와 자신감으로 이어진다.

경제적 불안정성 역시 노후 결핍감을 심화시키는 요인이다. 지금이라도 재정 계획을 점검하고 무리하지 않는 선에서 소득 창출 방법을 모색해야 한다. 아울러 과시적 소비보다는 자신에게 진정으로 필요한 곳에 지출하는 현명한 습관을 지녀야 한다. 물질적 풍요가 아닌 정신적 만족을 추구할 때 삶의 진정한 기쁨을 느낄 수 있다.

노후의 결핍감은 자연스러운 감정이다. 중요한 것은 그 감정에 갇히지 않고 성장을 위한 동력으로 삼는 것이다. '남아 있는 것'에 집중하고 능동적으로 사회에 참여하며 끊임없이 배우는 노력은 우리를 결핍의 늪에서 벗어나게 해준다. 삶의 주체로서 당당하게 살아갈 때, 노후는 상실의 시간이 아닌 인생에서 가장 지혜롭고 풍요로운 시간이 될 것이다.

욕망에 속지 않는 능력

**"가장 적은 것으로 만족하는 사람이
가장 부유한 사람이다."**

— 소크라테스(Socrates) —

허황된 욕망이 커질수록 행복은 멀어진다. 특히 나이가 들어 부리는 노욕(老欲)은 자신을 추하게 만드는 지름길이다. 욕망은 매우 영리하여 늘 경계하지 않으면 언제든 나타나 우리를 속인다.

주변을 보면 노후에 큰돈을 벌어 자식에게 나눠주겠다는 욕심에 휘말려 금융사기를 당하고 평생 모은 재산을 잃는 이들을 간혹 보게 된다. 사기꾼들은 욕망을 살살 부추겨 의심을 걷어내게 만든다. 피해자들은 사기를 당했다고 억울해하지만, 냉정히 말하면 자기 욕망에 스스로 속아 넘어간 것이다.

나이가 들수록 물질적 풍요와 사회적 성공이라는 젊은 시절의 욕망에서 벗어나 진정한 행복이 무엇인지 성찰해야 한다. 하지만 수십 년간 우리를 지배해 온 욕망은 쉽게 사라지지 않으며, '더 좋은 것을 가져야 행복하다'라는 속삭임으로 마음의 평화를 해친다. 노후의 진정한 행복은 이러한 욕망에 속지 않고 내면의 만족을 추구하는 능력에서 시작된다.

욕망에 속지 않으려면 먼저 '충분함'의 기준을 다시 설정해야 한다. 끊임없이 더 많은 것을 소유하도록 길들여진 습관을 버리고, 지금 가진 것에 감사하는 소박한 삶의 기쁨을 발견해야 한다.

매일 아침 햇살을 맞으며 산책하는 즐거움, 정성스러운 한 끼 식사, 친구와의 담소 등 일상 속 작지만 확실한 행복을 찾아야 한다. '더 좋은 것'을 향한 집착을 멈추고 '지금 이대로도 충분하다'라고 스스로를 다독이는 것이 그 첫걸음이다.

젊은 시절의 욕망이 넓은 집이나 비싼 차 등 '소유'에 집중되었다면, 노후의 행복은 '경험'에서 나온다. 여행, 배움, 봉사활동 등 의미 있는 경험에 시간과 에너지를 투자하는 것이 물질적 욕망을 초월하는 방법이다. 기억과 추억은 사라지지 않는 자산이며 삶을 더욱 풍요롭게 채워준다. 소유와 경쟁 대신 배우고 나누는 경험에 집중할 때 우리는 비로소 욕망의 굴레에서 벗어날 수 있다.

또한 노후의 욕망은 종종 타인과의 비교에서 비롯된다. "친구는 저렇게 사는데 나는 왜 이렇지?"라는 생각은 불행의 시작

이다. 비교하지 않을 용기는 행복한 노후를 위한 필수 능력이
다. 각자의 삶은 고유한 가치를 지닌다. 남의 시선에 자신을 깎
아내리기보다 나의 속도와 방식대로 살아가는 삶에 만족할 때
진정한 자유와 평화를 얻을 수 있다.

허황된 욕망은 사절

욕망은 삶이 영원하지 않다는 두려움과 조급함에서 생겨나기
도 한다. 그러나 삶의 유한함을 인정하고 죽음을 수용하는 태
도는 역설적으로 현재를 더욱 충실하게 만든다. 언젠가 모든
것을 내려놓아야 한다는 사실을 깨달을 때, 헛된 집착을 버리
고 지금 이 순간을 온전히 누릴 수 있다. 불필요한 욕심을 비워
내면 삶은 더욱 단순하고 평화로워진다.

노후의 행복은 물질이나 성취가 아닌 의미 있는 관계에서 완

성된다. 가족, 친구, 이웃과의 교류는 외로움을 극복하는 힘이 된다. 물질적 욕망은 찰나의 만족을 주지만, 관계에서 오는 사랑과 지지는 지속적인 행복의 원천이다. 경쟁 대신 이해와 공감을 우선순위에 둘 때 우리는 욕망에 휘둘리지 않는 충실한 삶을 살 수 있다.

진정한 행복은 욕망을 채우는 데서 오는 것이 아니라, 욕망에 속지 않는 데서 비롯된다. '충분함'을 깨닫고, 소유보다 경험에 가치를 두며, 남과 비교하지 않는 용기를 가질 때 우리는 비로소 평온하고 만족스러운 노후를 맞이할 것이다.

혼자서 잘 챙겨 먹는 능력

**"자신을 다스려라,
그러면 모든 것이 당신의 통제 아래 있게 될 것이다."**

— 세네카(Seneca) —

나이가 들면서 혼자 식사하는 시간이 늘어난다. 북적거리던 식탁이 비어가면 밥을 차리는 일이 번거롭게 느껴져 끼니를 거르거나 대충 때우기 일쑤다. 그러나 식사는 단순히 허기를 채

우는 행위를 넘어 건강과 삶의 활력을 유지하는 가장 중요한
활동이다.

배우자와 한날한시에 떠나지 않는 한 우리는 언젠가 혼자 살
아야 한다. 따라서 혼자서도 건강하게 식사하는 능력은 노후의
신체적·정신적 건강을 지키는 필수 비결이다.

혼자 먹는 밥이 외롭게 느껴지는 것은 그 행위가 의미를 잃었
기 때문이다. 식사를 '배를 채우는 시간'이 아닌 '나 자신을 돌
보는 소중한 의식'으로 여기는 태도가 중요하다. 예쁜 그릇을
꺼내고 작은 꽃 한 송이라도 꽂아 식탁을 꾸며보길 권한다.

혼자라도 정성껏 차려 먹는 습관은 스스로를 존중하는 마음
을 키워준다. 좋아하는 음악을 틀거나 창밖 풍경을 감상하며
맛과 향을 천천히 느끼면 식사 만족도가 높아지고 소화에도 큰
도움이 된다.

복잡한 요리가 부담스러운 노후에는 영양 균형을 맞추면서도
간편하게 식사를 해결하는 노하우가 필요하다.

첫째, 밀프렙(Meal Prep)**을 활용한다.** 주말에 미리 채소를 손질
하거나 반찬을 소분해두면 평일 식사 준비 시간을 획기적으로

줄일 수 있다.

둘째, 영양밥 레시피를 활용한다. 밥을 지을 때 콩, 버섯, 밤, 은행 등을 넣으면 밥 한 그릇만으로도 탄수화물, 단백질, 식이섬유를 고루 섭취할 수 있어 간편하다.

셋째, 냉동고 활용 기술을 익힌다. 남은 식재료를 볶음밥용으로 다져 얼리거나, 한 번에 넉넉히 만든 국이나 카레를 소분해 냉동하면 필요할 때 쉽게 꺼내 먹을 수 있다.

넷째, 간편식을 현명하게 선택한다. 시판 반찬이나 밀키트를 이용할 때는 나트륨 함량이 낮고 첨가물이 적은 제품을 골라 영양의 질을 높인다.

혼자서 잘 챙겨 먹는 모습

혼자 먹는 것이 익숙해지더라도 가끔은 타인과 함께하는 즐거움을 놓치지 말아야 한다. 지역 복지관의 경로 식당을 이용하거나 친구 및 이웃과 번갈아 가며 서로를 초대해 식사하는 모임을 만들어 보라. 이는 서로에게 부담을 주지 않으면서도 정서적 교류를 통해 삶의 활력을 얻는 좋은 방법이다.

노후의 '혼밥'은 더 이상 외로움의 상징이 아니다. 자신을 위한 요리를 즐기고 건강을 챙기는 과정은 숭고한 자기 돌봄이다. 최근 정년퇴직 전 교육 과정에 요리가 필수 항목으로 들어가는 추세는 매우 바람직하다. 남성들도 요리를 배워 스스로 삶을 꾸려가는 자생력을 강화해야 한다. 혼자서 잘 챙겨 먹는 능력은 단순한 조리 기술을 넘어 노후의 삶을 더욱 건강하고 풍요롭게 만드는 근본적인 힘이 될 것이다.

"인생 항해사
자격을 획득한
선장에게"

먼저 이 책을 통해 독자 여러분과 귀한 인연을 맺게 됨에 깊은 감사를 올린다. 본서는 단순한 읽을거리가 아닌, 삶의 망망대해에서 길을 잃지 않도록 지혜와 전략을 제공하는 '인생 교본'이다. 선장은 바다 위에서 오직 교범과 나침반에 의지해야 하기에, 필자는 평범한 조언을 넘어 구체적인 통계와 전문적인 근거를 수록하여 실질적인 항해 지침이 되도록 애썼다.

인생이라는 모든 항해는 언젠가 끝이 난다. 항해가 끝났을 때 남는 것은 목적지보다 어떻게 항해했는가에 대한 기록, 즉 '항적(航跡)'이다. 필자는 이 책에서 나의 항적을 미화하지 않았다. 잘못된 판단과 늦은 결단, 용기가 부족했던 순간과 구조적 한계를 과소평가했던 대가까지 솔직하게 드러냈다. 인생은 미화된 영웅담이 아니라, 냉혹한 판단의 누적 위에 세워진 현실이기 때문이다.

이 책을 덮는 순간, 당신은 어떤 기관도 발급하지 않는 '인생 항해사'라는 자격을 얻게 된다. 이 자격에는 특권이나 면책 대신 엄중한 책임이 따른다. 자신의 인생을 더 이상 남 탓으로 돌리지 않겠다는 책임이다. 앞으로도 풍랑은 반드시 찾아올 것이다. 정의롭지 못한 권력, 예상치 못한 배신, 구조적 불공정이 항로를 위협하더라도 중요한 것은 풍랑의 크기가 아니다. 그 순간 당신이 무엇을 알고 있었으며, 어디를 바라보며 키를 잡았는지가 본질이다.

필자는 이제 인생의 후반 항로에 들어섰다. 더 빠른 속도도, 더 큰 배도 필요하지 않다. 다만 방향이 분명하고 후회가 적은 항해를 원할 뿐이다. "인생은 한 번뿐이지만, 항로는 언제든 수정할 수 있다." 당신의 항해가 관성에 떠밀린 결과가 아니라, 스스로의 인식과 선택으로 완성되기를 진심으로 바란다.

더불어 우리 사회의 고질적인 문제를 해결하고 사회 대개혁을 이루기 위해 네 가지 제언을 덧붙인다.

첫째, '국익'이라는 가치를 최우선시하며 살아야 한다. 개인과 집단의 이익이 공동체의 미래를 앞설 때 부패가 시작된다. 시민 의식이 국익을 향할 때 비로소 개혁은 뿌리내릴 수 있다.

둘째, 정치권력의 사회적 모범을 촉구한다. 윗물이 맑아야 아랫물이 맑은 법이다. 정치권이 당리당략과 독선에서 벗어나 투명해질 때 비로소 나라의 근간이 바로 선다. 주인인 국민이 추상같은 감시로 이들을 심판해야 한다.

셋째, 언론의 역할을 정상화해야 한다. 언론이 제 기능을 잃으면 권력은 무소불위가 되고 공적 논의는 붕괴한다. 언론의 자유와 독립성은 시민이 함께 지켜야 할 가치이며, 불공정에는 단호한 행동으로 맞서야 한다.

넷째, 법조계는 더 이상 '신성 가족'이 아님을 선언한다. 법은 최후의 보루다. 전관예우라는 이름의 특혜와 '유전무죄'의 관행은 억울한 피해자를 만든다. 강력한 제도 개혁을 통하여 사법 정의를 바로 세워야 한다.

부산항 항계에서 하선한 도선사(부모)는 떠나는 배(자녀)를 바라보며 손을 흔든다. 이제 도선사는 육지(노후 독립)에서 자녀의 안전 항해를 위해 기도할 뿐이다.

본 인생 교본을 마스터한 인생호 선장은 험난한 뱃길을 스스로의 용기와 지혜로 헤쳐 나갈 것이다. 국익을 해치는 오염 행위를 경계하고, 갈등의 풍랑과 사기의 해적을 슬기롭게 따돌린다. 불필요한 욕망의 짐을 덜어내어 경제적인 항해를 이어가며, 생애 최악의 위기라는 허리케인도 적절히 회피한다. 23가지 삶의 해법을 터득한 당신은 이제 망망대해의 시련을 극복하고, 최종 목적지인 '성공항'에 안전하게 닻을 내릴 것이다.

1. 김도연, 『품격 있는 어른이 되기 위한 마음수업』, 바이북스, 2024.
2. 강창희 · 고재량, 『오십부터는 노후 걱정 없이 살아야 한다』, 포레스트북스, 2021.
3. 유성룡, 『징비록(전란을 극복한 불후의 기록)』, 을유문화사, 2024.
4. 문성택 · 유영란, 『건강하고 행복한 노후의 집』, 바른북스, 2023.
5. 김열규, 『독서와 사회학』, 민음사, 2002.
6. 김이섭, 『인생의 답은 내 안에 있다』, 미디어숲, 2021.
7. 박경서, 『한국사회 갈등관리론』, 나남출판, 2018.
8. 박성희, 『행복한 노후를 위한 평생학습의 역할』, 학지사, 2021.
9. 박재홍, 「캥거루 자녀 현상의 사회적 의미와 대응 방안」, 『현대사회연구』, 2020.
10. 보건복지부, 『2023 노인실태조사 종합보고서』, 세종: 보건복지부, 2023.

11. 신영준 · 주연규, 『인생은 실전이다』, 상상스퀘어, 2021.
12. 이근후, 『나는 죽을 때까지 재미있게 살고 싶다』, 갤리온, 2015.
13. 이민진, 『PACHINKO(파친코)』, 문학사상, 2018.
14. 이시형, 『인생의 막다른 골목에서 만나는 지혜』, 특별한 서재, 2016.
15. 이은희, 『돈과 관계를 다스리는 법』, 위너스북, 2022.
16. 이재범, 『책으로 변한 내 인생』, 책수레, 2020.
17. 이태공, 『NCW 이론과 응용』, 홍릉, 2008.
18. 임한규, 『미래지향적인 한일해군협력』, 한국학술정보(주), 2011.
19. 조항제, 『한국 언론과 권력』, 나남출판사, 2021.
20. 정병설, 『공정사회와 정의』, 한길사, 2021.

21. 최염순, 『성공의 85%는 인간관계』, 카네기연구소, 2010.
22. KBS 〈명견만리〉 제작팀, 『명견만리』, KBS, 2018.
23. 리처드 레스탁 외, 『은퇴 없는 삶을 위한 전략』, 허원미디어, 2006.
24. 밥 빌, 『멘토링』, 디모네, 2007.
25. 요코테 쇼타, 『나이 드는 게 두렵지 않습니다』, 중앙books, 2021.
26. 한스-게오르크 가다머, 『진리와 방법』, 문학과 지성사, 1990.

27. Arnett, J. J., "Emerging adulthood: A theory of development from the teens through the twenties", American Psychologist, 55(5), 2000.

28. Erikson, E. H., Identity: Youth and Crisis, W. W. Norton & Company, 1968.

29. Frankl, V. E., Man's Search for Meaning, Beacon Press, 2006.

30. OECD, Society at a Glance, 2022.

31. OECD, Lifelong Learning and Skills Report, 2021.

32. OECD, Education at a Glance 2023, 2023.

33. OECD, Trust in Media Report, 2023.

34. National Institute on Aging, Healthy Aging: Lessons from the Baltimore Longitudinal Study of Aging, Bethesda, MD: NIA, 2022.

35. WHO, World report on ageing and health, Geneva: WHO, 2021.

"조직의 체질을 바꾸고
인생의 격을 높이는 전략 지침서"

도서출판 행복에너지 회장 | 권선복

임한규 저자의 원고를 마지막까지 읽어 내려가며, 도서출판 행복에너지는 이 시대에 꼭 필요한 '지혜의 병법서'를 발견했다는 확신을 얻었습니다. 마지막 페이지를 넘긴 뒤에도 가시지 않는 여운은, 이 책이 단순히 한 개인의 성취를 기록했기 때문이 아니라, 우리 사회의 빛과 그림자를 관통해 온 저자의 치열한 성찰과 '승리하는 인생'을 위한 실전 전략이 담겨 있기 때문일 것입니다. 저자가 던지는 "내가 다시 태어난다면…"이라는 화두는 단순한 가정을 넘어, 시행착오의 비용을 최소화하고 가장 효율적인 항로를 찾아내려는 전략적 고백입니다.

우리는 흔히 '열심히' 일하는 것을 미덕으로 삼지만, 저자는 대한민국의 노동생산성이 낮은 이유를 '근태'가 아닌 '사고방식의 차이'에서 찾습니다. 성공은 무조건적인 노력이 아니라 전략적으로 사고하는 자의 전유물이라는 지적은 매우 날카롭습니다. 저자는 예비역 제독으로서의 전문성을 일상과 업무에 이식하여, 무의미한 바쁨을 걷어내고 성과에 직결되는 핵심 노드에 화력을 집중하는 '효과중심작전(EBO)'의 비결을 전수합니다. 또한 변화를 읽는 선견(先見), 기회를 잡는 선결(先결), 시장을 장악하는 선타(先打)의 '3先 원칙'은 개인에게는 주도적인 삶을, 기업에게는 이기는 조직의 DNA를 심어주는 강력한 지침이 됩니다.

"경험은 소중하지만, 모든 것을 직접 경험할 필요는 없다"라는 율리우스 카이사르의 문장은 이 책을 관통하는 핵심 철학입니다. 인생이라는 망망대해에서 다양한 장애물에 직접 부딪히며 길을 배우기에 우리의 시간과 비용은 너무나 소중합니다. 저자는 뼈아픈 실전 사례들을 통해 후배 세대와 임직원들이 겪을 매몰비용을 획기적으로 줄여주는 가장 영리한 투자의 길을 제시합니다. 마음을 얻는 경청득심(敬聽得心)으로 갈등을 해결하고, 타인의 관성이 아닌 자신의 의지로 항로를 결정하는 '자기 인생의 선장'으로 우뚝 서게 돕는 저자의 조언은 조직과 개인의 격을 한 단계 높여줄 것입니다.

저자가 말하는 '다시 태어남'은 환생이라는 막연한 환상이 아닙니다. 그것은 바로 '지금 이 순간, 내 인생의 키를 제대로 잡고 있는가'를 자각하는 전략적 깨달음의 순간입니다. 34년의 군 생활과 7가지 직업적 항로를 거치며 단단해진 저자의 통찰은, 독자들에게 따뜻한 위로를 넘어 "더 늦기 전에 인생의 해도(海圖)를 확인하라"는 엄중한 메시지를 전합니다.

이 책이 승리하는 조직을 꿈꾸는 리더들과 정밀한 인생 해도를 찾는 모든 이들에게 든든한 나침반이 되기를 소망합니다. 시행착오는 줄이고, 성공의 시간은 단축하십시오. 이 책을 곁에 두는 것은 단순히 지식을 얻는 것이 아니라, 승리하는 인생의 항로를 열어주는 가장 가치 있는 투자이자 선물이 될 것입니다. 이 책을 통해 모든 독자가 자기 삶의 진정한 주권을 회복하고, 어떤 풍랑 속에서도 평온하고 당당하게 목표를 향해 나아가기를 진심으로 기원드리며 기운찬 행복에너지 긍정의 힘으로 보내 드립니다.

[도서 추천] 조직의 체질을 바꾸고 인생의 격을 높이는 전략 지침서

다시 태어난다면 이렇게 살고 싶다

임한규 지음

"성공은 '열심히' 하는 이의 것이 아니라,
'전략적'으로 사고하는 자의 전유물입니다."

대한민국의 시간당 노동생산성이 OECD 하위권에 머무는 이유는 근태가 아닌 '사고방식의 차이'에 있습니다. 34년 해군 장교의 실전 경험과 7개 전문 분야를 섭렵한 저자의 통찰이 담긴 이 책은, 단순한 자기계발을 넘어 조직과 개인을 승리로 이끄는 '인생 항해 교범'입니다.

◼ **POINT 1. 군사 전략을 일상과 업무에 이식하다 [EBO & 3先 원칙]**
- 효과중심작전(EBO): 무의미한 바쁨을 걷어내고, 성과에 직결되는 '핵심 노드'에 화력을 집중하는 법을 전수합니다.
- 승리의 속도전(3先): 변화를 읽는 선견(先見), 기회를 잡는 선결(先決), 시장을 장악하는 선타(先打)의 원칙으로 주도자의 DNA를 심어줍니다.

◼ **POINT 2. 시행착오의 비용을 혁신하다 [간접 경험의 자산화]**
- 시간과 비용의 절감: "모든 것을 직접 경험할 필요는 없습니다." 저자의 뼈아픈 실전 사례를 통해 후배 세대와 임직원이 겪을 매몰비용을 획기적으로 줄여주는 가장 영리한 투자입니다.

◼ **POINT 3. 현실의 본질을 장악하는 안목 [구조적 통찰력]**
- 냉혹한 현실 직시: 막연한 환상을 버리고 권력의 속성, 비정한 갑을 관계 등 사회의 민낯을 투명하게 공개합니다. 이는 시련 속에서도 자신을 지켜낼 가장 강력한 무기인 '안목'을 길러줍니다.

◼ **POINT 4. 품격 있는 소통과 주체적 삶 [경청득심 & 독립성]**
- 단단한 결속력: 마음을 얻는 경청득심(敬聽得心)으로 갈등을 해결하고 유연한 조직 문화를 구축하며, 타인의 관성이 아닌 자신의 의지로 항로를 결정하는 '자기 인생의 선장'으로 우뚝 서게 돕습니다.

[결론] 승리하는 인생을 위한 가장 가치 있는 투자

기업에게는 이길 수 있는 조직의 DNA를 심어주는 '최고의 교육 자산'이 될 것이며, 개인에게는 인생이라는 망망대해에서 길을 잃지 않게 할 '정밀한 해도(海圖)'가 될 것입니다.

시행착오는 줄이고, 성공의 시간은 단축하십시오. 이 책을 곁에 두는 것은 단순히 지식을 얻는 것이 아니라, 승리하는 인생의 항로를 열어주는 가장 가치 있는 투자이자 선물입니다.

– 도서출판 행복에너지 드림

좋은 **원고**나 **출판 기획**이 있으신 분은 언제든지 **행복에너지**의 문을 두드려 주시기 바랍니

ksbdata@hanmail.net   www.happybook.or.kr   문의 ☎ 010-3267-6277

'행복에너지'의 해피 대한민국 프로젝트!

<모교 책 보내기 운동> <군부대 책 보내기 운동>

한 권의 책은 한 사람의 인생을 바꾸는 힘을 가지고 있습니다. 한 사람의 인생이 바뀌면 한 나라의 국운이 바뀝니다. 그럼에도 불구하고 많은 학교의 도서관이 가난하며 나라를 지키는 군인들은 사회와 단절되어 자기계발을 하기 어렵습니다. 저희 행복에너지에서는 베스트셀러와 각종 기관에서 우수도서로 선정된 도서를 중심으로 <모교 책 보내기 운동>과 <군부대 책 보내기 운동>을 펼치고 있습니다. 책을 제공해 주시면 수요기관에서 감사장과 함께 기부금 영수증을 받을 수 있어 좋은 일에 따르는 적절한 세액 공제의 혜택도 뒤따르게 됩니다. 대한민국의 미래, 젊은이들에게 좋은 책을 보내주십시오. 독자 여러분의 자랑스러운 모교와 군부대에 보내진 한 권의 책은 더 크게 성장할 대한민국의 발판이 될 것입니다.

제 1 호

감 사 장

도서출판 행복에너지
대표 권 선 복

귀 사는 해군 제1함대사령부 장병 및 군무원의 교양과 정서 함양을 위해 귀중한 양질의 도서를 기증해 주셨습니다.

이에 모든 부대원의 감사와 존경의 마음을 담아 감사장을 드립니다.

2024년 8월 30일

제1함대사령관
해군소장 박 규 백

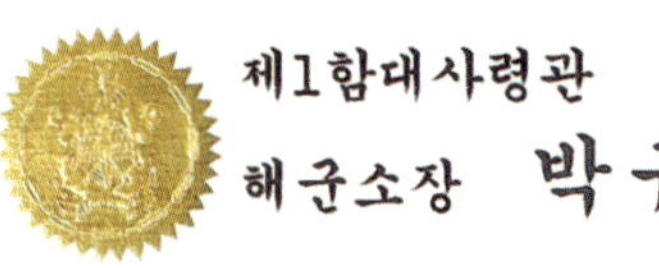

제 3 호

감 사 장

도서출판 행복에너지
대표 권 선 복

귀하께서는 평소 군에 대한 깊은 애정과 관심을 보내주셨으며, 특히 육군사관학교 장병 및 사관생도 정서 함양을 위해 귀중한 도서를 기증해 주셨기에 학교 全 장병의 마음을 담아 이 감사장을 드립니다.

2022년 1월 28일

육군사관학교장
중장 강 창 구